2,-

Hans Saner, geboren 1934 in Grosshöchstetten. 1954–59 Volksschullehrer im Kanton Bern, dann Studium der Philosophie, Psychologie und Germanistik in Basel. Dort von 1962–69 persönlicher Assistent von Karl Jaspers, dessen Nachlass er herausgibt. Lebt als Publizist in Basel.

Veröffentlichungen u.a. „Zwischen Politik und Getto. Über das Verhältnis des Lehrers zur Gesellschaft" (1977); „Geburt und Phantasie. Von der natürlichen Dissidenz des Kindes" (1979); „Hoffnung und Gewalt. Zur Ferne des Friedens" (1982). Mitherausgeber der Reihe „Philosophie aktuell".

Hans Saner

Die Herde der Heiligen Kühe und ihre Hirten

Lenos Verlag

Copyright 1983 by Lenos Verlag
Alle Rechte vorbehalten
Satz und Gestaltung: Lenos Verlag, Basel
Umschlag: Konrad Bruckmann
(unter Verwendung einer Zeichnung von Alfred Kubin: *Adoration*.
Alle Rechte bei Spangenberg Verlag, München 19)
Printed in Germany
ISBN 3 85787 119 9

Die Bildungsreform wächst auch bei Nacht

Die Bildungsmisere, von der leider oft diffamierend gesprochen wird, ist bloss ein Gespenst der Verbildeten.

Keine frühere Gesellschaft kannte ein so dichtes und vielstufiges Schulsystem wie unsere, und zu keiner Zeit war das Bildungsniveau der Bürger so hoch wie heute. Wir haben die kühnsten Hoffnungen Pestalozzis nicht nur erreicht; wir haben sie übertroffen: Die Gleichheit der Chancen ist durch den unentgeltlichen Volks- und Mittelschulunterricht und durch die Einführung der Volkshochschule bis in die entlegensten Teile des Landes verwirklicht. Jedem Schweizer ist es nun möglich, „den ganzen Umfang seiner Talente, die er von der Natur empfangen hat" (Condorcet), frei zu entfalten. Die Lehreinheit steht nahe bevor. Bald werden alle auch die Freiheit finden, Gleiches zu denken, Gleiches zu wissen und Gleiches zu tun. Erst unsere Zeit hat so mit der Einsicht ganz ernst gemacht, dass *verlässliches*, ja berechenbares Denken, Wissen und Können die Basis des wissenschaftlich-technischen Zeitalters sind.

Kein Bildungswesen, das auf dieser Höhe angelangt ist, wird das Erreichte sinnlos aufs Spiel setzen. In kleinen und kleinsten Schritten wird es vielmehr den Weg behutsam weitergehen hin zur integralen Bildungsgesellschaft. Ungeduldigen Existenzen mag es dann scheinen, alle Reformen würden vertagt. In Wirklichkeit sind sie schon vollzogen, still und unmerklich, in der Wandlung der Gesellschaft.

Das Bildungswesen ist eine Institution der Gesellschaft. Es dient ihrer Erhaltung und künftigen Sicherung. Es steht deshalb in enger Beziehung zu den andern grossen Institutionen: zum Staat, der Armee, der Wirtschaft, der Familie und der Kirche. Die historische Aufgabe der Pragmatiker liegt nun darin, das Bildungswesen mit den andern Institutionen so zu koordinieren, dass es ganz ihren Wünschen entspricht und ihren Bedürfnissen nachkommt. Durch die Herstellung dieser Koordination reformiert sich das Bildungssystem automatisch, und zwar immer mit der Geschwindigkeit, mit der sich die Gesellschaft wandelt. So antizipiert und provoziert es nichts. Es trägt keine Unruhe in die Gesellschaft, sondern ist ganz und gar ihrem Dienst still ergeben. Diese in die Gesellschaft eingebettete Bildungsreform wird dadurch zu einem Friedenswerk in unserem System.

Wie können wir nun die Vernetzung der Bildung mit den andern Institutionen beschreiben?

Bildungswesen und Institutionen

Der Staat stiftet und unterhält das System des öffentlichen Bildungswesens und ordnet es durch Gesetze. Er bestimmt seine Institutionalisierung und seinen Zweck. Er umgrenzt durch Lehrplan, Pensen und Lehrmittel die Bildungsgüter, Bildungsmittel und den Bildungsweg der Schule. Und er macht durch das Beamtenrecht die Lehrer frei.

Von den Schulen darf er deshalb erwarten, dass sie ihm brauchbare „Bürger für die Gesetze" (Solon) heranbilden. Da er sich als Nationalstaat versteht, wünscht er Lehrer, die „von tiefem Pflichtgefühl gegenüber dem Vaterlande beseelt sind" (Bundesrat, 1916). Er ist weise genug, in unruhigen Zeiten nicht neue Fachbereiche einzuführen. Ihm genügt es, „die nationale Erziehung in der Weise zu fördern, dass sie als zentraler Gesichtspunkt des Unterrichts überhaupt ... zielbewusst befolgt wird" (ibid.). Bloss sachliche Bildung und Belehrung ist ihm nie das Letzte. Es geht um höhere Werte: Etatismus, Patriotismus, Nationalismus und um die Tugend der Treue: *„Aller* Unterricht muss nationaler Gesinnungs-Unterricht sein" (Kongress für nationale Erziehung, 1942). Mit Freude integriert er das normierte Schülermaterial.

Eine rechte patriotische Erziehung wird den kriegerischen Geist nie vergessen. Wir haben auch allen Grund dazu: Die Superiorität unserer Demokratie liegt auf der Hand. Kein Volk kennt in der Geschichte so viele Helden wie wir (all die Söldner!) und keines darf so natürlich unbefangen singen „que chaque enfant naît soldat". Aus diesen Gründen müssen wir mit dem Neid und dem Ressentiment der Nachbarn rechnen und leben. Wir können es tun, wenn wir eine starke Armee haben. Die bürgerliche Erziehung muss also „die militärische von Anfang an berücksichtigen" (EMD, 1927). Das ist umso nötiger, als ja erst die Armee diese Erziehung vollendet. Sie darf mit Recht vom Bildungswesen verlangen, dass bei Eintritt in den Wehrdienst „der innere Soldat schon fertig" (Deutsche Schule, 1935) ist. Herangebildet aber wird er durch die natürlichen Tugenden der Schule, die auch die Tugenden des Heeres sind: Gehorsam, Disziplin, Zucht, Gefügigkeit des Willens, Entschlossenheit zu einem vorgegebenen Ziel, Einsatzfreudigkeit bis zum Opfer des Lebens.

Diese Tugenden unserer Bildung nun weitet die Koordination mit der Wirtschaft aus zu einer Ethik der Leistung. Wenn wir innerhalb der konkurrierenden Leistungsgesellschaften überleben wollen, dann dürfen wir unsere Zeit nicht an Umsturz-Gedanken verschwenden, sondern müssen sie ganz auf die Frage konzentrieren, wie *mehr* Leistung möglich wird. Die Wirtschaft bringt uns da auf den richtigen Weg: den der fröhlichen Konkurrenz und des freien Wettbewerbs. Sie erinnert unablässig an die grossen Arbeitstugenden: an Fleiss, Lernwillen, Ehrgeiz, Karrierebewusstsein, Ordnungssinn. Kritik und Urteilskraft sind nicht ebenso wichtig, weil die ja Übergebene immer schon haben. Entscheidend aber ist das Bewusstsein, dass alle Menschen Brüder sind, einige nur mehr als die andern, und dass die Ordnung unter Brüdern dann am effektivsten und brüderlichsten funktioniert, wenn die Leitenden eben leiten und die Produzierenden produzieren.

Die Familie liefert der Bildung das rohe Material und sorgt für genügend Nachschub. Sie erwartet den Bildungserfolg, daraus einen Zuwachs an Prestige für die ganze Gruppe und sie erhofft die künftige soziale Sicherung ihrer Mitglieder. Sie will, dass ihr heiligstes Gut: der gemeinsame Konsum der Freizeit, nicht durch unechte Probleme gestört werde, sondern im Glück der kleinen Gruppe ruhig genossen werden kann. Als Gegengabe bringt sie dem Material früh den Gehorsam bei und kündigt ihn selber dem vorgegebenen Bildungsweg nie auf.

Und die Kirche gibt im Wissen von der schlechthinnigen Abhängigkeit die Ruhe in Gott. Dieser aber ist in alle Ewigkeit der Erste Prästabilisator der Harmonie des Systems.

Wenn also dergestalt die Koordination der übrigen Institutionen mit dem Bildungswesen spielt, dann wird dieses ineins etatistisch, national, militaristisch, kapitalistisch, kleinfamiliär und christlich. In der richtigen Mischung dieser Bildungswerte liegt der Segen der Bildung für das ganze System. Die hohe Kunst der Pragmatiker wird nun auch alle Institutionen untereinander so koordinieren, dass sie ganz solidarisch sind. Wenn eine verletzt wird mit artfremden Bildungsgütern, fühlen sich alle gefährdet. Sollte also z.B. ein Lehrer etwas sagen gegen die Armee, so muss er wissen, dass er auch die Familie, die Wirtschaft, den Staat und die Kirche angreift. Wer einen Wert radikal in Zweifel zieht, macht sich zum Feind des ganzen Systems. Durch die neue Bildungsreform wird so zum ersten Mal die Bildung zum Knotenpunkt aller Institutionen. Auf ihr liegt das ganze Gewicht der Gesellschaft, und sie gibt es weiter an den Lehrer und die Schüler. Dieser Druck ist zweifellos ein radikaler; er kann nur dem erlassen werden, der freiwillig aus dem Bildungssystem ausscheidet.

Da nicht immer alle Lehrer die Vorteile des Systems sofort erkannten, traf die Gesellschaft eine leicht verständliche Sprachregelung: Wer denkt wie das System, ist frei von Ideologie. Er wahrt die höchsten Bildungsgüter und politisiert die Schule nicht. Wer nicht denkt wie das System, sollte schweigen. Spricht er, so betreibt er Propaganda für eine artfremde Ideologie. Er politisiert damit den neutralen Raum der Schule. Das aber ist rechtlich belangbar.

Neuerungen können, bevor sie sich ganz eingelebt haben, zu Kollisionen führen. Zum Bedauern des Systems ist das hin und wieder vorgekommen. Es hat dann getan, was es musste: kraft des Beamtenrechts hat es die noch nicht ganz freien Lehrer freigesetzt.

Man darf indes für sicher halten, dass wir derlei Notstands-Massnahmen nicht mehr oft ergreifen müssen. Der Lernprozess der Bildungsreform ist im Gang, und er wird aufs Glücklichste beschleunigt durch die Leitsätze eben dieser Reform:

Leitsätze der Reform

Unsere Bildungsreform ist ein sich nahezu selbst regulierender Prozess des gesamten Gesellschaftssystems. Wir reformieren das Bildungswesen insoweit, als wir alle andern Institutionen reformieren. Konkret heisst das: Der Ausbau etwa von Wirtschaft und Armee ist auch ein Ausbau unserer Bildung, und das wiederum gilt von allen tragenden Institutionen. Was also dem System nützt, nützt der Bildung, und was der Bildung nützt, nützt dem System.

Nun ist aber das System, das wir haben, das richtige. Es kann nur perfektioniert werden in Richtung auf mehr Leistung und reibungslosere Funktion. Das sind reine Probleme der Verwaltung und der Koordination. Am besten lösen sie Technokraten und Pragmatiker.

Es sei uns hier erlaubt, ein kurzes Lob auf diese leider noch verkannte Klasse auszusprechen: Technokraten und Pragmatiker haben das Angenehme an sich, dass sie keine überflüssigen Fragen stellen. Sie fragen nicht „wozu?", sondern nehmen die Ziele als vorgegebene dankbar entgegen. Sie fragen aber „wie?"

und finden gerade in dieser klugen Beschränkung die effektiven Lösungen. Dadurch sind sie ganz unserem System ergeben und dienen ihm rein. Sie garantieren den Wandel ohne Abweichung und die Dynamik ohne Verunsicherung. Wenn sie sehr fähig sind, arbeiten sie mit dem Ethos einer Maschine.

Wenn nun aber die Reform des Bildungswesens eher ein Ausfluss der Reform der übrigen Institutionen ist und wenn die Gesamtheit dieser Institutionen schon das richtige System ausmachen, so gilt für alle Bildungspolitik:

1. Keine neuen Ideale! – Im idealen System haben wir bereits das Ideal aller Ideale. Neue finden darin keinen Platz. Ja, in gewissem Sinn bedarf es überhaupt keiner. Die Treue zum einmal eingeschlagenen Weg genügt vollauf. Insbesondere sind alle utopischen Vorstellungen schädlich; denn sie sind nichts anderes als Ausschweifungen einer kranken Phantasie und gefährliche Ausbrüche aus dem System. Zu warnen ist auch vor der Autonomie der sogenannten pädagogischen Ideale. Es gibt sie für uns nicht. Pädagogische Ideale sind immer bestimmt von den Idealen des Systems, ja sie sind deren Einführung.

2. Keine Experimente! – Denn diese setzen nur Ausbrüche vorübergehend in die Praxis um. Der Ort des Bildungswesens ist das Zentrum des Systems und nicht ein Vorhof an seinem Rand. Experimente stören die totale Bildungsgesellschaft und die Bildungsintegration.

3. Keine zerstörerische Kritik! – Es ist die ausschliessliche Funktion aller Kritik, ein System immanent zu verbessern. In jeder anderen Form ist sie nicht einmal Utopie. Denn Utopien geben noch etwas Posi-

tives, wenn auch Falsches; sie aber postuliert allein die Destruktion des Guten. Kein vernünftiger Mensch wird sich einen Zahn ziehen lassen, der gesund ist.

4. Keine Sprünge in der Entwicklung! — Denn das System macht auch keine. Hierin aber kopiert es bloss die Natur, von der alle grossen Denker sagten, dass sie keine Sprünge macht.

5. Vor allem keine Ausuferung der Demokratie! — Denn unser System dient gerade dadurch der Demokratie, dass es nie vergisst, wo diese hingehört und wo nicht. Demokratie hat notwendigerweise einen Revier-Charakter. Das Bildungswesen ist so wenig ihr Revier, wie die Armee, die Wirtschaft, die Kirche oder die Familie. Wenn jeder mitbestimmen wollte, was im Bildungssektor gehen soll, hätten wir längst die Bildungs-Anarchie. Das Paradox gilt unumstösslich: Man kann Demokratie durch Demokratie verlassen. Man muss sie also schützen, indem man ihre Reviere erhält und sie, bei jedem Ausbruchversuch, in diese zurückdrängt.

Es liegt nun alles daran, dass die Nation geeint und stark den Weg der Perfektion noch zu Ende geht. Lang ist er nicht mehr. Auf diesem Weg ist unser System liberal. Es verlangt keine heuchlerische Liebeserklärung. Ihm ist es genug, dass es nicht angegriffen wird. „Wer nicht wider mich ist, ist für mich." Dieses gütige Wort unseres Erlösers ist auch das Grundwort unseres Systems und seiner immerwährenden Neutralität.

Bildung kann das Fixativ einer Gesellschaftsordnung sein — und das Ferment, das sie zum Gären bringt. Wir wollen sie nur in der ersten Funktion. Denn unsere Demokratie hat, in ihrer bald 700jährigen Geschichte, wahrlich ausgegoren. Als Fixativ stillt Bildung die ersten Sehnsüchte des Bürgers: sie gibt Sicherheit, Ruhe, Ordnung und Kontinuität.

Was also bleibt zu tun, da schon so Vieles getan ist?

Vertrauen! – Das System kennt seinen Weg und wandelt sicher auf ihm. Da die Bildungsreform nur der Ausfluss des Systemwandels ist, geht sie, wie dieser, gemessen, bedacht, behutsam, fast scheu voran, solange sie in der Systemmitte ruht. Tut sie das, darf man füglich sagen: Die Reform wächst auch bei Nacht, wenn die Bildungs-Reformer schlafen.

Für das Wahlalter Null

Als neulich das Volk gefragt wurde, ob bereits die 18jährigen stimm- und wahlberechtigt sein sollten, da beschloss der Souverän, ohne die 18jährigen zu befragen, dass die politische Reife auch weiterhin mit 20 einzutreten hat. Warum gerade dann, weiss niemand. Das Geheimnis liegt vermutlich am Dezimalsystem. Denn mit 0 wird man geboren. Mit 10 kommt man in die Mittelschule, mit 30 wird man Hauptmann und mit 40 Oberst, mit 50 bekommt man einen Herzinfarkt, mit 60 eine Festschrift und mit 70 eine persönliche kirchliche Feier — oder auch nicht. Mit 20 aber erhält man, als Geschenk des Souveräns, die politische Vernunft, die bekanntlich dazu berechtigt, fortan die Katastrophe aktiv zu verlangsamen, die man vor 20 nur zu erleiden hatte.

Dass aber Kinder und Jugendliche die Politik und all ihre Folgen miterleiden, und zwar nicht selten härter als die Erwachsenen, macht *jede* Begrenzung des Wahlalters zu einem Problem der Gerechtigkeit. Die Entschädigung für das bloss passive Bürgertum müsste nämlich im vollständigen Schutz vor der Politik der Erwachsenen und ihren Auswirkungen liegen. Aber Kinder leben nicht jenseits der Gesellschaft im privaten Garten ihrer Freiheiten, sondern im Getto, das die Erwachsenen nach ihren Vorstellungen und Rechten ihnen zumessen, öffnen und abschliessen. Ihre Existenzweise wird nach dem Modell einer Schutzhaft bestimmt, die sie wirksam am Gebrauch ihrer Freiheiten hindert, aber nur unwirksam oder gar nicht vor den Vorrechten der Erwachsenen schützt. Es schiene mir gerechter zu sein, dass die gesamte Gesellschaft ihr Dasein durch *Mit*bestimmung *jedes* Menschen ordnet. Wer an die Urne gehen will, soll es tun dürfen, ganz gleich, wie alt er ist; wen die Mehrheit in ein Amt wählt, soll es annehmen dürfen, gleich, wie alt er ist.

Nach dem Aufschrei des Entsetzens ist der Vorschlag doch vielleicht einiger Überlegungen wert. Gegen ihn sprechen viele Einwände, die um drei Hauptargumente kreisen:

1. Da auch stimmberechtigte Kinder faktisch unter der elterlichen Gewalt leben würden, wäre zu befürchten, dass ihre Eltern sie zu bestimmten Voten zwingen könnten. Die neue Freiheit erwiese sich bloss als die Fortsetzung des alten Zwangs.

Dieses Argument wäre nur dann nicht heuchlerisch, wenn im parteilich geordneten politischen Leben die Stimmfreiheit das überall angestrebte Ideal wäre. Unter „Stimmdisziplin" verstehen aber bekanntlich die Erwachsenen nicht Stimmfreiheit, sondern die Befolgung einer ausgegebenen Parole. Wer sie nicht befolgt, riskiert im Grenzfall seine politische Existenz. – Falls aber ganze Familien wie kleine politische Klans einheitlich unter Zwang stimmen sollten: wäre es dann so ungerecht, dass eine Familie von 6 Menschen auch 6 statt nur 2 Stimmen einlegen könnte? Warum zählen eigentlich Kinder nicht? Und schliesslich: Wie sollten in einem Volk, das stimmfaul geworden ist, die Kinder zur Urne getrieben werden, an die die Väter aus Langeweile nicht mehr gehen, und weshalb sollten die Kinder, sofern ihnen ihr Stimm*recht* bewusst wird, sich so leicht von Eltern *zwingen* lassen, die ihnen keine glückliche Welt beschert haben?

2. Stimmberechtigte Kinder würden, so mag man weiter einwenden, durch Propaganda überflutet. Man würde sie durch Geschenke kaufen und sie in ihrer Unerfahrenheit mit Versprechen ködern.

Aber verfährt man anders mit Erwachsenen? Wenn die Wahlversprechen jemals zum Richtmass der Politik geworden wären, hätten wir längst eine andere Welt. Ich vermute eher, dass sich Kinder weniger leicht durch Wörter betören lassen. Sie haben ein gutes Gedächtnis für gemachte Versprechen und sie pflegen diese einzufordern.

3. Kinder, so wird man sagen, könnten meist die Vorlagen gar nicht verstehen, über die abgestimmt werden soll.

Sofern dies ein Problem der sprachlichen Formulierung ist, wäre Abhilfe möglich, die auch den Erwachsenen zugute käme. Sofern es ein Problem der Sachfragen ist, möchte es ihnen nicht anders ergehen als vielen Erwachsenen und nicht wenigen Parlamentariern. Auch diese wissen nicht immer, was sie tun, wenn sie stimmen und wählen. Da wir uns aber einmal für den politischen Dilettantismus entschieden haben — jede Demokratie ist notwendigerweise umso dilettantischer, je direkter sie ist und je grösser die Anzahl ihrer Miliz-Politiker ist —, bleibt uns kein Recht, uns gegenüber den Kindern als bewährte Profis aufzuspielen. Im übrigen aber wissen wir alle, dass die Erwachsenen zum Teil politisch naiv und widervernünftig, bestechlich, korrupt und launisch sind. Wir halten all das nicht für einen hinreichenden Grund, die direkte Demokratie abzuschaffen. Mit Recht. Denn wir entscheiden uns für sie nicht, weil sie den sachlich kompetenteren Entscheid garantiert, sondern weil sie die grössere politische Chance in sich birgt, nämlich die Ausbreitung der politischen Vernunft im Volk durch die periodische Übung des politischen Denkens und des politischen Gesprächs. Sie ist nur der verzweifelte Versuch, durch die Übung der politischen Freiheit allmählich die politische Selbstbefreiung zu ermöglichen und über die Quantität der Dilettanten zur politischen Qualität vorzustossen.

Weil indes im Wahl- und Stimmrecht der Jugendlichen und der Kinder wesentliche Chancen liegen, sollte man, trotz der unbestreitbaren möglichen Missbräuche, für es eintreten. Allein durch es würden die Kinder als politische Grösse ernstgenommen. Sie würden früh über die Probleme der Gesellschaft informiert, und ihre politische Vernunft würde in einer Zeit heranreifen, in der die Phantasie noch nicht abgestorben ist. Die Erwachsenen könnten nicht länger eine Welt bauen, die über die Bedürfnisse der Kinder hinweggeht. Ihr Anspruch auf die Menschenrechte, die wir ihnen konsequent verwehren, müsste allmählich gehört werden. Erziehung und Schule hätten eine grössere Chance, demokratisch zu werden.

Bei allen wesentlichen Schritten der Emanzipation, handle es sich um die der Gläubigen, des Bürgertums, des Proletariats, der Frauen, der Studenten oder der Farbigen, pflegten die Privilegierten zu sagen: „Es ist unsere Pflicht, der anderen Klasse die Freiheit zu verweigern; denn sie ist zur Freiheit noch nicht reif." Das klingt allemal wie eine pädagogische Weisheit, aber ist bloss eine infame politische Schläue. Denn die Freiheit kann nicht anders als durch die Übung der Freiheit reifen. Man kann nicht Menschen im Interesse ihrer Freiheit knechten, und dies gar in der Illusion, ihnen mit 20 die Freiheit zu schenken. Besser ist es, sie ihnen gar nie zu nehmen.

Ein weisser Fleck?

In den vielen Reden und Aufsätzen, die zum Jahr des Kindes zu hören und zu lesen waren, blieb eine Frage unberührt: die nach der Sexualität des Kindes. Zwar hat unsere Gesellschaft, vor allem durch die Popularisierung der Psychoanalyse, allmählich zur Kenntnis genommen, dass Kinder nicht asexuelle Wesen sind. Aber sie hat die Sexualität des Kindes noch stärker tabuiert als die der Erwachsenen — durch Schweigen, durch Verbote und, mithilfe dieser beiden, durch eine Erziehung zur Enthaltsamkeit. Man redet sich ein, dass die Sexualität im Kind zwar latent vorhanden sei, dass aber die Praxis auf später verschoben werden müsse, wo bekanntlich dann alles weit besser und schöner geht, — wenn man es *nicht* gelernt hat.

Diese etwas kruse Einstellung kann durchaus begründet werden: Erst die Verborgenheit und das Nicht-gelernt-Haben, so sagt man nicht ohne Raffinement, ermöglichen die nachpubertäre *autonome Entdeckung* der Sexualität und damit die relative Freiheit des Sexuellen in der selbstgewählten Bindung. Diese scheinbar um die Freiheit der Geschlechtspartner besorgte Argumentation wird meistens durch eine natur-mythische flankiert: Sexualität, so heisst es, hat ihre natürliche Zeit: die Geschlechtsreife, ihren natürlichen Zweck: die Reproduktion der Gattung, ihr natürliches Objekt: den andersgeschlechtlichen Partner, und ihre natürliche Praxis: den heterosexuellen Beischlaf. All diese Komponenten aber lassen sich am besten zur Einheit bringen in der Einschränkung der erlaubten Sexualität auf einen intimen Akt des staatlich konzessionierten Paares. Die kindliche Enthaltsamkeit ist eine Voraussetzung dieser späteren Regelung. – Wer im übrigen den ordentlichen Weg der Gesellschaft geht, wird auch belohnt. Er hat als Verheirateter im Recht auf Sexualität auch den Anspruch auf die periodische Gefügigkeit des Partners. Der Akt wird zur Pflicht. Die Freiheit macht ihren salto mortale.

All das klingt beinahe vernünftig. Es sprechen nur die Fakten dagegen.

Die fast weltweite Erforschung des sexuellen Verhaltens, seiner kulturellen Voraussetzungen und seiner persönlichen Folgen lässt uns heute radikal daran zweifeln, dass es eine *natürliche* humane Sexualität überhaupt gibt. Sexuelles Verhalten ist ebenso kulturbedingt wie das Essen und das Schlafen, kurz: wie die Befriedigung nahezu aller vitalen Bedürfnisse. Vermutlich muss auch in diesem Bereich alles erlernt werden: nicht nur die Praxis und die Objektwahl, sondern sogar das sexuelle Verlangen. Jedenfalls neigen heute die Anthropologen fast durchwegs zu dieser Ansicht.

Unbestritten ist ebenfalls, dass das Kind sexuelle Lernprozesse durchmacht, und zwar auch in der geschlechtlichen Praxis, und dies schon von früh auf. Bereits im letzten Jahrhundert haben Forscher das frühkindliche Spiel an erogenen Zonen beschrieben, und seit einigen Jahrzehnten ist bekannt, dass Kinder im Alter von wenigen Monaten orgasmusähnliche Erregungszustände haben, die eindeutig sexueller Natur sind. Kinsey hat, gestützt auf Untersuchungen, die Ansicht vertreten, dass etwa ein Drittel der Knaben im ersten Lebensjahr zu solchen Erregungen fähig sind. Es scheint, dass die Spielformen frühkindlicher Sexualität sehr vielfältig sind und dass das Kind hier nicht anders lernt, als in allen anderen Bereichen: durch Spiel, Versuch, Nachahmen und spontanes Erfinden. Dieser Lernprozess hält, nach allem, was wir wissen, die ganze Kindheit hindurch an. Weder ist die Kindheit eine natürliche Latenzphase des Sexuellen noch gibt es in ihr generell eine solche Phase (wie z.B. noch Freud glaubte). Der weisse Fleck existiert nicht.

Aus dem Studium von Kulturen, die eine freizügige Kinder-Sexualität toleriert haben – es sind etwa 30 bekannt –, wissen wir auch, dass dieses Spiel von Nachahmung und Spontaneität schon beim kleinen Kind den Geschlechtsakt einbezieht. „Sie spielen Mann und Frau", so beschrieb in den zwanziger Jahren Malinowski das sexuelle Verhalten von Indianer-Kindern, „machen Essen zurecht und führen den Geschlechtsakt aus oder ahmen ihn nach, so gut sie eben können". Ihre Eltern verhielten sich zu dieser „Hemmungslosigkeit" wohlwollend. Die Kinder machten eben ihre Erfahrungen, und diese für Perversität zu halten, wäre niemandem in den Sinn gekommen.

„Andere Völker – andere Sitten", könnte man sagen und damit das Problem ad acta legen – wenn wir nicht wüssten, dass wir durch unsere Kultur der Sexualität die Kinder in schiefe Lernprozesse und dadurch in psychische Nöte treiben. Was wir durch Schweigen und Verbot unterdrücken, geschieht ja doch, aber im Verborgenen und überwuchert von Schuldgefühlen. Was wir als Praxis zu zweit um jeden Preis verhindern, findet einen Ausweg in der vereinsamten Lust. Für eine erzwungene Kinder-Kultur der verschämten Onanie spricht aber doch wohl kein vernünftiges Argument und keines dafür, die sexuelle Vereinsamung zum erzieherischen Weg für erwünschte, partnergebundene Sexualität zu machen.

Es wäre töricht, alteingesessenes Verhalten mit einer Kolumne verändern zu wollen. Aber zu einer Frage reicht sie aus: Haben nicht doch vielleicht die Trobriand-Indianer, die Malinowski beschrieb, weiser gehandelt? – Ich glaube schon.

Ziele der Schule und Ziele der Schüler

Wer die Zweck-Paragraphen unserer Schulgesetze und Schulverordnungen liest, wird vom pädagogischen Edelmut der Kantone beschämt. Da sollen die Ehrfurcht vor Gott, die Treue zum Vaterland, die charaktervolle Persönlichkeit, das kritische Denken, die soziale Mitverantwortung, das gewissenhafte Handeln, die Lebenstüchtigkeit und überdem viele Fähigkeiten und Kenntnisse der Jugend gefördert werden. Kein Zweifel: die Schule ist die Utopie unserer Tage: der mit guten Vorsätzen gepflasterte Weg zum Neuen Jerusalem.

Nun sagt bekanntlich ein böses Sprichwort, dass der Weg zur *Hölle* mit guten Vorsätzen gepflastert sei. Tatsächlich hat noch niemand, er sei denn Lehrer, die Schule mit dem Paradies verwechselt, am wenigsten die Schüler selber. Wer die Opfer auf dem Wege sieht: die künstlich gemachten Versager, die durch Schulnot zum Selbstmord getriebenen Kinder, die Integrations-Krüppel der ewigen Ja- oder Nein-Sager, die bis ins Alter in ihren Träumen geängstigten Prüflinge – der riecht den Schwefel.

Woher der Gestank? Sind die Ideale zu hoch, so dass jedes Schul-System an ihnen versagen muss? Sind sie heuchlerisch, weil wir das eine verkünden, aber zynisch das andere tun? Oder sind sie in sich verfehlt und deshalb gewalttätig, so dass sie geradezu Opfer verlangen? Die gegenwärtige Schul-Kritik orientiert sich in gemässigter Form an allen Vorwürfen. Sie spricht bald von Überforderung, kritisiert dann wieder die den Zweckbestimmungen nicht angemessenen Unterrichts-Methoden oder reklamiert neue Schul-Ziele, um mehr Freiheit, mehr Kreativität, mehr Solidarität und mehr Demokratie in den Schulen zu ermöglichen.

Jede dieser Kritiken mag etwas Richtiges treffen. Aber jede ist darin blind, dass sie glaubt, die richtigen Ziele den Schülern überhaupt verordnen zu können. Was aber garantiert, dass die Ziele der Schule (als Institution) auch die Ziele der Schüler (als Menschen) sind? Ich fürchte: nichts.

Institutionen sind fast immer von Erwachsenen gemacht. Wenn eines Tages eine Kantonale Behörde beschliesst, eine neue Schulverordnung zu erlassen und in ihr der Schule ein zeitgemässes Ziel zu geben, dann geht sie meist so vor: Sie wählt eine Kommission, in der das Erziehungs-Departement, die Parteien, gewisse Berufe und eine Abordnung der Elternschaft vertreten sind. Die breite Zusammensetzung gewährleistet, so glaubt man, dass nichts vergessen wird. Der eine wird eben ans Vaterland erinnern, der andere an den lieben Gott, der dritte an das Christentum, der vierte an die soziale Verantwortung, der fünfte an die Einheit von Geist, Seele und Leib, der sechste an die Kreativität und der siebente an die Lebenstüchtigkeit des Einzelnen oder an die Funktionsfähigkeit der Gesellschaft. Natürlich kommt es zu einem Kompromiss und gleich danach zu einem edlen Text. Alle haben nur eines vergessen: auch die Schüler nach ihrer Meinung zu fragen. Ja, sie merken nicht einmal, dass sie es vergessen haben.

Der Grund der Vergesslichkeit ist nicht unerfindlich. Er liegt in einer uralten, negativen Bestimmung des Kindes. Was ist ein Kind? Ein Noch-nicht-Wesen: ein noch nicht vernünftiger, noch nicht erfahrener, noch nicht sozialer, noch nicht heimattreuer, noch nicht lebenskluger Mensch, oder — mit einem Wort — ein Noch-nicht-Erwachsener. Ihm müssen die Erwachsenen die Ziele und die Wege (Methoden) zur Erreichung der Ziele verordnen — sprich: geben. In Güte und weiser Voraussicht, versteht sich. Sie nennen das Liebe.

Ich behaupte nun: Jede Zielsetzung der Schule, die auf einem negativen Begriff des Kindes beruht, ist durch ihren Verordnungs-Charakter gewalttätig. Sie wird immer Schul-Systeme schaffen — und sei sie noch so pädagogisch wohlmeinend —, die die Schüler unterdrücken. Der Teufel sitzt hier nicht im Detail einer falschen einzelnen Zweckbestimmung, sondern im Ganzen der Zweckverordnung, und diese ist nur die Folge eines ziemlich erbärmlichen Überlegenheitswahns, der sich auf die alleinige Rechtfertigung stützt, dass man ja schliesslich schon mehr als zwanzig Jahre gelebt hat. Welch ein Verdienst!

Auf den negativen Begriff des Kindes wird übrigens ein ganzes Rechts- und Gesellschafts-System gebaut. In ihm sind Kinder von der aktiven Mitbestimmung der Gesellschaft ausgeschlossen. Sie sind Schützlinge mit besonderen Pflichten, z.B. der Schulpflicht, Pfleglinge, die ökonomisch ganz abhängig sind, Mündel, von denen man sagt, dass sie zur Freiheit noch nicht reif seien. Nicht erst das Schul-System unterdrückt sie, sondern das ganze Modell der Gesellschaft.

Aber ist überhaupt ein anderes denkbar? Nicht nur eines. Denkbar wäre z.B. ein Modell der allgemeinen Mitbestimmung. In ihm haben Kinder die gleichen Rechte wie Erwachsene. Es gilt entweder das Wahlalter Null oder die Gewährung der vollen Bürgerrechte nach einem persönlichen Antrag. Die Kinder bestimmen nun alle öffentlichen Angelegenheiten der Gesellschaft mit. Auch das Schulwesen und seine Zielsetzung. Sie sind im Schulraum Bürger wie die Lehrer selber. Das würde nicht nur einzelne Zweckbestimmungen der Schulgesetze verändern, sondern, was wichtiger ist, den Alltag der Schule. Die Sprache der Herrschaft müsste dem Gespräch Platz machen, der Ton der Kränkung der Rücksichtnahme, die Praktiken der Vereinzelung der Schüler einer Praxis der Solidarität. Bildung würde zu einem gemeinsamen Prozess von Lehrenden und Lernenden, in dem keiner versenkt werden darf. Die Schule als Ganzes wäre das Mehr an Menschlichkeit und Demokratie, von dem heute einzelne Lehrer bloss träumen.

Dieses Modell leugnet die Unterschiede zwischen Erwachsenen und Kindern nicht. Aber es gibt ihnen eine verschwindende Bedeutung neben dem, was gleich ist: Kinder und Erwachsene sind *Menschen. Alle* sind Mitglieder der Gesellschaft. Also sollen auch alle mitbestimmen. So wie es keinen Grund mehr gibt, Kindern die volle Menschenwürde abzusprechen, so gibt es keine Rechtfertigung mehr, ihnen politische und kulturelle Rechte vorzuenthalten.

Vielleicht hat dieses Modell vor allem eine Schwäche: Es leben heute mehr Erwachsene als Kinder. Die 0 bis 15jährigen machen in unseren westeuropäischen Gesellschaften etwa 20% der Bevölkerung aus. Sie hätten also das Schicksal einer Minderheit: sie könnten mit Leichtigkeit überstimmt werden. Sie wären dann wieder von der Gnade der Erwachsenen abhängig, wenn auch nicht ohne Stimme. Ihre Freiheit wäre formal.

Das ist der Grund, weshalb wir das dritte Modell der Selbstbestimmung erwägen müssen. In ihm schliessen sich die Kinder zu eigenen Republiken zusammen: zu Kinder-Nationen. Dort geben sie sich selber ihr Gesellschafts-System, bestimmen ihre Gesetze und verwalten sich selbst. Zugleich sorgen sie selber für ihren Unterhalt: sie arbeiten, produzieren Güter, verrichten Dienstleistungen und schaffen ihre eigene Kultur. Schulbesuch gilt nun als Arbeit und wird entlöhnt. Zwar sind die Kinder auf Mitarbeit von Erwachsenen angewiesen: auf Lehrer, Werkmeister und Experten. Aber diese sind weisungsgebunden: sie beraten die Republik, aber gehorchen, wie anderswo die Kinder. Die Kinder selber legen nun die Ziele der Schule fest; sie wählen und besolden die Lehrer und sie bestimmen die Lehrinhalte.

Dieses Modell fusst auf der Umkehrung des negativen Begriffs des Kindes. Das Kind ist nicht mehr ein Noch-nicht-Wesen, sondern, im Verhältnis zu den Erwachsenen, ein Mehr-als-Wesen. Weil es spontaner lebt, lernender, erfahrender, solidarischer, gehört ihm die Überlegenheit. Wichtig ist nicht mehr vor allem das Gepäck des schon Erworbenen, sondern der *Prozess* des Erlebens, des Handelns und der Selbstentfaltung.

Viele Leser mögen dieses Modell für eine verrückte Utopie halten. Aber sie irren sich. Es ist seit Jahrzehnten in Galizien (Nordspanien) erfolgreich verwirklicht. Die dortige Kinder-Nation Benposta — sie hat einen eigenen Zoll, eine eigene Währung und trägt sich ökonomisch selber —, wird ausschliesslich von Kindern und Jugendlichen geführt und verwaltet. Auch Kinder können Leiter einer Bank, Zirkus-Direktoren,

Bürgermeister, Parlamentarier und Minister sein. Die Noch-nicht-Wesen sind eine Erfindung der Erwachsenen.

Keines dieser Modelle ist indes der Stein des Weisen. Unser gegenwärtiges Modell der Fremdbestimmung der Kinder ist mit der Menschenwürde unvereinbar. Das Modell der allgemeinen Mitbestimmung bringt erst eine formale Freiheit. Das Modell der radikalen Selbstbestimmung unterdrückt so lange mitarbeitende Erwachsene, als es diese von der Mitbestimmung ausschliesst. Es wiederholt die Torheit des ersten Modells, wenn auch umgekehrt. Es ist als Experiment bewunderungswürdig. Als Regelfall führt es zu einer strikten Teilung der Gesellschaft.

Wo aber ist das vierte Modell, das wir als Neues Jerusalem präsentieren könnten? Ist es das Modell der gesellschaftlichen Kooperation ohne allgemeine Schulpflicht, wie es Illich vorschlägt, oder ein Modell der kleinen Einheiten, innerhalb deren jeweils alle *Mitbetroffenen,* gleich welchen Alters, mitbestimmen? Wir kennen es als erreichtes Ziel nicht und vielleicht nicht mal als erreichbares, sondern eher als endlosen Weg. Aber soviel können wir von der Richtung des Weges doch sagen: so lange sie nicht auf die Befreiung des Kindes zuläuft, sind seine pädagogischen Ziele nichtig. Wie aber soll eine Gesellschaft, die nicht radikal die Befreiung all ihrer Mitglieder wünscht, ausgerechnet die Schicht der Minderjährigen gesamthaft befreien wollen? Sie müsste doch Angst vor ihrem Mut und ihrer Zukunft bekommen.

Der pädagogische Edelmut in den Zweckbestimmungen unserer Schul-Gesetze ersetzt den Mut, den wir nicht haben, mehr Befreiung und Gerechtigkeit in der ganzen Gesellschaft zu wagen. Er ist geduldig wie Papier und blass wie die Lettern von einem vergilbten Geschwätz.

Vom Verlust des phallischen Bewusstseins

Wäre die Frage, was der *Mann* sei, vor hundert Jahren gestellt worden, so hätte ein einigermassen gebildeter *Mensch* — damals ziemlich sicher ein Mann — etwa geantwortet: „Was der Mann ist, kann ich zwar abstrakt nicht sagen; aber konkret ist es mir klar: Der Mann — das ist der Erzeuger, Versorger und Verwalter und damit der *Wirtschafter;* das ist der Eroberer, der Herr und das Gesetz und damit die *Macht;* das ist die Wissenschaft, die Kunst und der Priester und somit die *Kultur.* Der Mann ist das geglücktere Ebenbild Gottes und darin die Verheissung einer besseren Welt."

Hätte man ihn nun weiter gefragt: „Und woher weisst du das so genau?", so hätte er vielleicht geantwortet: „Das ist doch die *natürliche* Ordnung! Weil die Frau von Natur aus Gebärerin, Mutter und Hausfrau ist und darin ihr Leben verzehrt, *muss* der Mann alles Andere sein. Die *Natur selber* macht ihn zum Schöpfer der Kultur."

Hätte man, und das wäre vor hundert Jahren bereits möglich gewesen, ihn auf Bachofens Studien zum Mutterrecht verwiesen oder auf Engels' Arbeiten über die Familie, die beide ganz andere Formen der gesellschaftlichen Arbeitsteilung beschreiben, so hätte unser Mann vielleicht geantwortet: „Es mag einmal anders gewesen sein und es mag einmal anders werden; in *unserer* Gesellschaft jedenfalls ist der Mann der Herr der Welt."

Diese Antwort nun lässt sich in die Formel bringen, die der Schlüssel zum patriarchalischen Verständnis des Mannes war und ist: Der Mann ist jene kulturell potenzierte Form des Menschseins, die die Frau nicht sein *kann*, weil die Natur ihr eine andere Rolle zugewiesen hat. Darin wird der Mann zwar nicht ganz unabhängig von der Frau definiert; aber nicht das *Sein* der Frau macht seine Bestimmung aus, sondern ihr *Mangel an Sein*. Die angemasste Überlegenheit des Mannes spiegelt sich also im Versuch, das eigene Sein am Nicht-Sein-Können der Frau als gleichsam *hervorragendes, herausstechendes Sein* zu definieren. Geschlechtspsychologisch könnte man dies als phallisches Selbstbewusstsein des Mannes bezeichnen. Es beherrschte das Abendland bis in unsere Zeit.

Stellt man heute die gleiche Frage einem Mann, dann wird er verlegen; denn er merkt, dass er sich als Vertreter seiner Art nicht definieren kann. Er weiss zwar, *dass* er ein Mann ist, aber *was Mann-Sein* bedeutet, wird ihm zunehmend unklarer. Diese Ungewissheit hat hauptsächlich drei Gründe:

1. Wenn er versucht, *Mann-Sein* vom *Mensch-Sein* her zu definieren, sitzt er schon mitten in den Schwierigkeiten; denn er weiss auch nicht zureichend, was *der Mensch* ist. All die Formeln: Der Mensch ist das sprachbegabte, das weltoffene, das kulturschaffende, das reflektierende, das sinndeutende Wesen, treffen zwar spezifische Momente des Menschseins, aber nicht dieses als umfassendes Ganzes. Der Mensch ist all das auch, aber ineins damit noch mehr. Wenn er dieses Mehr in seinem ganzen Umfang erfassen will, löst sich jede Bestimmtheit auf. Er strandet in alten, fast nichtssagenden Formulierungen: Der Mensch ist ein kleiner Kosmos, das Mass aller Dinge, das Abbild Gottes, sozusagen alles. – Was aber ist der *Mann als*

Mensch? Ebenso, wie die Frau, diese Unbestimmtheit – das nicht festgelegte Tier.

2. Versucht er aber, seine Art von der naturhaften Geschlechtlichkeit her zu definieren, so bewegt er sich auf einem brüchigen Feld. Es gibt nicht allein das naturhafte Mann-Sein *oder* Frau-Sein, sondern auch das psychisch Weibliche im Mann und das Männliche in der Frau; es gibt die *zivilisatorische Nivellierung der Geschlechter,* den *physiologischen Hermaphroditismus,* die Zwiegeschlechtlichkeit also; es gibt den *Transsexualismus,* also die hormonelle und chirurgische Geschlechtsumwandlung, und es gibt den *sozialen* und den *individuellen Transvestitismus,* das äussere und oft auch verinnerlichte Übernehmen der anderen Geschlechtsrolle. All das sind zum Teil Ausnahmen, zum Teil nicht. Aber selbst die Ausnahmen gehen zurück auf uralte Menschheitserfahrungen, die in Märchen, Mythen und Sagen eine wichtige Rolle spielen. Die naturhaft geschlechtliche Besonderheit kennt heute so viele Übergänge und Stufungen, dass Mann-Sein nur noch durch eine *negative Bestimmung* charakterisiert ist. Solang der Mann Mann ist, ist er jedenfalls das Wesen, das nicht gebären kann.

3. Sucht er schliesslich eine Definition von der *gesellschaftlich organisierten Arbeitsteilung* her, dann gerät ihm vollends jede Fixierung des Männlichen ins Wanken. Zwar dominiert der Mann die Wirtschaft, Politik und Kultur heute noch; aber es gibt buchstäblich keinen Bereich der Arbeit mehr, der ihm vorbehalten bliebe, und keine Garantie, dass er weiterhin dominieren wird. Von der gesellschaftlich organisierten Arbeitsteilung her ergibt sich der Trend zur Formel: Mann und Frau sind gesellschaftlich Gleiche.

Falls all das stimmen sollte, dann nähern wir uns der Zeitwende, an der der Mann sein phallisches Selbstbewusstsein wird preisgeben müssen. In der gesellschaftlichen Gleichheit bleibt ihm bloss der nicht kleine, *negative Unterschied,* dass er nicht gebären kann. Nicht ein Nicht-Sein-Können der Frau definiert ihn hinfort, sondern sein eigenes, geschlechtlich bedingtes, partielles Unvermögen im Verhältnis zur Frau. Dieses *natale Bewusstsein* stürzt ihn als den Herrn der Schöpfung und lässt ihn, im Bereich des Geschlechtlichen, ohne Kompensation. Denn die Frau, nicht länger gewillt, das Opfer ihrer Geschlechtlichkeit zu sein, befreit sich vom Gebären-*Müssen:* sie kann ein nicht gebärendes Wesen sein und darin *in* ihrer Geschlechtlichkeit und *für* ihr Schaffen frei werden wie der Mann, und sie kann *überdem* gebären. Sie ist, als Geschlechtswesen, der umfassendere Mensch.

Es bleibt ihm das Natale als Metapher. Hier, im Hervorbringen überhaupt, steht dem Mann nichts im Wege, ein geburtliches Wesen zu sein, und so im Schaffen teilzuhaben, wie die Frau, am übergeschlechtlichen Humanen.

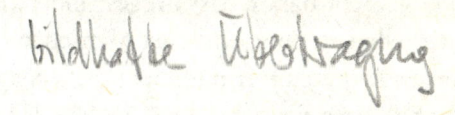

bildhafte Übertragung

Was heisst: „aus Einsicht Abschied nehmen?"

Walter Hollstein schildert in seinem Artikel „Abschied aus Einsicht" einen neuen Typus des Selbstmörders. Der lebensfrohe, arbeits- und liebesfähige, hochgradig differenzierte Intellektuelle kapiert eines Tages, dass alles, wofür er gelebt, gedacht und gestritten hat, an der Macht der korrumpierten gesellschaftlichen Verhältnisse zerbricht. Die Einsicht steigt in ihm auf, dass es sich nicht lohnt zu kämpfen; aber der Stolz verbietet ihm zugleich, sich zu arrangieren. So schlägt er das Angebot aus, entweder Narr oder Verräter zu werden. Er wählt ein Drittes, das einzige scheinbar noch Respektable: Er nimmt „Abschied" für immer – „aus Einsicht".

Wahrscheinlich kennen viele Menschen konkrete Fälle, die in dieses Interpretations-Muster zu passen scheinen. Ich vermute trotzdem, dass es eher ein freundlicher Nekrolog als die Analyse einer absoluten Handlung ist. Meine Bedenken möchte ich kurz erläutern:

Ich zweifle nicht daran, dass im geschilderten Dilemma ein intelligenter und ehrlicher Mensch zur Einsicht kommen kann, dass er nun nicht mehr mag und nicht mehr will. Die Einsicht, die er dabei erlangt, ist aber nicht ein Befund über den Lauf der Welt, sondern eine Einsicht über seine eigene Verfassung: er weiss nun, wie es um ihn steht, und er weiss, was er will. Durch diese Selbstvergewisserung kann er, im Entschluss, einig mit sich selber werden und jene absolute Handlung dann in Redlichkeit und Freiheit begehen. Seine Einsichten waren reflexive, innerliche Klärung des Entschlusses.

Aber schon im Entschluss zur Tat fällt er, sofern sie frei sein soll, in ein neues und noch härteres Dilemma. In Freiheit entschliesst er sich, sich alle Möglichkeit der künftigen Freiheit durch den absoluten Akt zu nehmen. Im Selbstmord negiert das Jetzt der absoluten Freiheit alle künftige Freiheit. Die Freiheit zeigt und verkehrt sich zugleich in ihm. Was aber sagt die (logische) Einsicht zu diesem Widerspruch? Sie vermag ihn auf keine Weise zu lösen und kann sich insofern mit dem Selbstmord nie versöhnen. Zu ihm wird es deshalb nur kommen, wenn Einsicht auch aussetzt. Der Entschluss und die Tat gehen über die Einsicht hinaus.

Noch schwieriger wird es, wenn nicht bloss Einsicht als Selbstvergewisserung und als logische Stringenz gesucht wird, sondern auch Einsicht in die objektiven und subjektiven Gründe, die mich dazu bringen, dass ich nicht mehr will. Solche Gründe sind vielleicht im privaten Bereich noch einsichtig: ich will nicht mehr, weil eine akute und chronische Krankheit mein Leben und meine Person unaufhaltsam zerstört. Ein freier Tod kann dann die Würde haben, dass man sich nicht bedingungslos dem Zerfall durch die Natur als Opfer ausliefert. Aber auch hier wird der freie Tod die Natur einzig dadurch besiegen, dass er ihren Sieg vorwegnimmt. Er durchkreuzt den Weg des Zerfalls – aber sein Ende bleibt erhalten, rückt nur näher.

Nahezu jede Einsicht fällt schliesslich weg in der Begründung des Selbstmords durch den historischen und sozialen Lauf der Dinge. Wer sich umbringt, weil *es* ja doch nur schlimmer wird, weil die Mächtigen – wer immer sie seien – doch jeden Fortschritt verhindern, weil die Strukturen so unzerbrechlich sind, weil es doch immer mehr Trinker oder AKWs oder Diktaturen oder Kriege geben wird, der stirbt nicht aus Einsicht, sondern aus einer totalitären Ideologie. Denn in seinem Urteil nimmt er alle möglichen Zukünfte und Freiheitshandlungen vorweg, auch die, von denen er nichts wissen kann, und bringt sie in einer schlichten Negation zur Einheit. Er hält seine Verzweiflung und seine Hoffnungslosigkeit für Einsicht, bringt sich durch diese Unterschiebung um sein Leben und die Welt um einen Faktor ihrer Veränderung. Er tut das Werk derer, die er pauschal anklagt – mit dem einzigen Unterschied, dass er es (fast) nur an sich vollführt. Er stirbt nicht aus Einsicht, sondern aus Überschätzung seiner Einsichtsfähigkeit. Seine Resignation ist – paradoxerweise – hochmütig.

Ich fürchte nun, dass gerade dieser Typus des Selbstmords – Selbstmord aus Hoffnungslosigkeit durch *vermeintliche* Einsicht – ein spezifisch moderner Selbstmord ist: der Selbstmord als Kind des Erkenntnisaberglaubens. Wer glaubt, den unaufhaltsamen Lauf der Dinge im Gesamten erkennen zu können, zwingend und unwiderlegbar, der wird in Zeiten, die tatsächlich wenig Anlass zur Hoffnung geben, fast unweigerlich zur „Einsicht" kommen, dass *es* sich nicht mehr lohnt. Sein freier Tod mag dann den Anschein einer einsichtigen Bilanz haben. In Wahrheit ist er das Produkt einer falschen „Rechnung" – ebenso sinnlos wie der vermeintlich erkannte Lauf der Dinge – aber nun wirklich unumkehrbar: die einzige absolute Handlung, zu der wir, im Verhältnis zu uns selber, fähig sind.

Die Formel „Abschied *aus* Einsicht" ist also sehr

problematisch. Sie wird es immer bleiben. Denn die Einsicht geht nie so weit wie der Abschied: sie ist nicht absolut. Absolut aber kann der *Entschluss zum* Abschied sein, worin nun immer er gründet. Deshalb reden wir besser vom Abschied aus *Freiheit* und seinen (nie zureichenden) Gründen und Motiven. Das schützt vor dem Irrglauben, dass wir das Dasein jemals absolut und allein durch Einsicht bewältigen und am Ende gar aus Einsicht sterben.

Fa. Moody, Kübler & Co.

Nach Jahrtausenden der religiösen Mythen und der philosophischen Reflexion über den Tod konnte es nicht ausbleiben, dass zur Erforschung des Sterbens sich eigens eine Wissenschaft etablierte: die Thanatologie. Sofern sie die historischen und die gegenwärtigen Arten des Sterbens, die physiologischen und psychischen Veränderungen der Sterbenden und die sozialen Formen der Trauerarbeit untersucht, ist sie ein Zweig der medizinisch-biologischen Anthropologie, ebenso berechtigt wie die Embryologie und die Erforschung der Geburt. Dort, wo sie seriös betrieben wird, hat sie nicht nur viel Erkenntnis über die Sterbevorgänge, ihre bisherige Ausdeutung und über die rituelle Trauerarbeit erbracht, sondern sie hat auch den Sinn für das eigentlich Geheimnisvolle, die nie ganz zu erhellende Grenze des Todes, neu sensibilisiert. Wir sehen heute klarer, dass wir diese Grenze wissenschaftlich nicht eindeutig in den Griff bekommen. Trotzdem hat man sich seit wenigen Jahren auf eine nun fast allgemein akzeptierte Definition des Todes geeinigt. Tod ist der irreversible Ausfall aller Gehirnfunktionen, und dieser Ausfall wiederum wird gleichgesetzt mit dem messbaren Ausfall aller Gehirnströme.

Man darf es für sicher halten, dass diese Definition eines Tages wieder verschwinden wird; denn sie reduziert den Tod des Menschen auf den Tod seines Zentral-Organs, des Gehirns. Sterben aber ist ein den ganzen Menschen umfassendes Geschehen physischer, psychischer und sozialer Art, das nicht an ein gleichzeitiges totales Ende kommt. Auch nach dem irreversiblen Ausfall der Gehirnströme gibt es noch Zellwachstum am Leichnam. So dauert etwa die Spermiogenese noch eine Zeit an, die Haare wachsen noch und auch die Nägel. Falls man Leben als zelluläres Leben definiert, gibt es Formen des biologischen Lebens über den Gehirntod hinaus. Andrerseits kann das soziale Leben des Menschen, seine Fähigkeit zur Kommunikation, längst vor dem Gehirntod abgestorben sein. Überdem lebt ja der Embryo schon vor der Ausbildung der Grosshirnrinde und damit auch vor dem Auftreten von Gehirnströmen. Schliesslich ist alles Gemessene abhängig von der Feinheit der Messinstrumente. Der gemessene Tod wird durch die verfeinerte Technik hinausgeschoben. – All das zeigt nur, dass wir weder Leben noch Tod eines Menschen befriedigend definieren können, also in bezug auf beide nicht sicher wissen, was sie sind.

Im Schatten dieser Ungewissheit hat sich in den letzten Jahren eine neue frohe Botschaft vom Sterben und vom Tod entwickelt, die auf dem besten Weg ist, zu einer Mythologie der dummen Kerle zu werden. Es ist die Lehre, dass Sterben schön ist, nämlich jenes End-Erleben, in dem sich, im Gefühl absoluter Befreiung und Seligkeit, die Seele oder der Astralleib über die sterbliche Hülle erhebt, in unendlichem Erstaunen einen Blick auf das menschliche Elend wirft, eine Weile vielleicht noch zurückgeholt werden kann, sich aber dann endgültig davonmacht – wer weiss, wohin.

Würde mit all dem nur ein möglicher Sterbevorgang beschrieben, so wäre dagegen nicht viel einzuwenden. Die Generalisierung einzelner Erinnerungen von Reanimierten zu einer schlagwortartigen Sterbelehre aber macht aus dieser Forschung eine Mythologie, die ich ineins für dürftig, verworren, lügenhaft und gesellschaftlich ruinös halte.

Dürftig scheint mir diese Sterbelehre im Vergleich mit den religiösen Sterbe- und Todes-Mythen zu sein, weil sie bloss über einen ängstigenden Augenblick hinwegtröstet, ohne von ihm her dem Leben neue Sinngehalte zu geben. Sie könnte ohne Verlust durch die Lehre ersetzt werden, dass man mit Opium in schönen Träumen stirbt. Sie ist weiter nichts als ästhetisierende Euthanasie auf Vorschuss.

Verworren ist sie, weil sie ein End-*Erleben* mit dem *Tot*-Sein verwechselt. Da waren die philosophischen und religiösen Mythen vom ewigen Leben ungleich konsequenter. Sie *eliminierten* den Tod, indem sie ihn als zweite Geburt, als Eintritt in ein unbegrenztes, freies Leben oder als Rückkehr zu diesem, deuteten. Sie mussten dadurch nicht eine Phase des Erlebens für ein vermeintliches Tot-Sein ausgeben und auch das Nachleben nicht für eine dem Dasein ähnliche Lebensform.

Lügenhaft aber wird sie als allgemeine Lehre vom Sterben. Denn sie täuscht darüber hinweg, dass Sterben grausam, qualvoll, entwürdigend, vereinsamend und in all dem noch elender als jeder andere Teil des Lebens sein kann. Eine in der Endphase der Agonie sich zuweilen vielleicht einstellende momentane Euphorie aber als Trostpflaster für das ganze Elend dieses Prozesses anzubieten, ist ein schlechter Spass und ein schon liederlicher Harmonisierungs-Versuch.

Die ganze Dürftigkeit dieser neuen Nekrophilie hat überdem eine gesellschaftlich ruinöse Dimension. Der Mensch hat die grossen Todes-Mythen erdichtet und nicht wenige der grossen Kultur-Leistungen geschaffen, weil er *nicht* sterben wollte. Die Revolte gegen das Unvermeidliche in seiner Natur hat ihn ebenso, wie der Kampf gegen das Inhumane in der übrigen Natur, aus einem Tier zu einem Menschen werden lassen. Dass er in diesem Kampf in schwere Irrtümer verfallen ist, die ihn an die Grenze der Zerstörung der Natur, seiner selbst und vielleicht des Lebens überhaupt geführt haben, beginnen wir eben einzusehen und damit auch zu verstehen, dass wir ein neues Ethos entwickeln müssen, um diese Drohung des totalen Todes abzuwenden. Was bewirkt in einem solchen Augenblick eine Lehre, dass Sterben schön ist? Bringt sie nicht bloss den heilsamen Schock ins Vergessen, den wir eben erst hatten? Wozu noch gegen den Tod ankämpfen, wenn er so angenehm ist? Da lässt oder macht man sich und alles doch besser gleich sterben. — Der Gesang dieser Agonie-Voyeure ästhetisiert bloss die Dekadenz des Zeitalters.

Hinter ihrer „Wissenschaft" steckt letztlich eine Philosophie, die tief unter der eines anständigen Bestattungs-Unternehmens liegt. Bestattungs-Unternehmen mögen zuweilen die Illusion erwecken, dass sie den Tod verschönern. Das ist gleichsam ihr Firmenkitsch. Versprochen aber haben sie nie mehr, als das Drum und Dran eines Todes*falls* erträglicher zu machen. Sie kommerzialisieren einen Teil der Trauerarbeit und erleichtern so vorübergehend den Angehörigen das Weiterleben.

Herr Moody und die Seinen aber betreiben die Propaganda des Todes und lassen es sich dabei wohl ergehen. Nachdem sie sich an den Agonien anderer müdgeschnüffelt haben, bieten sie, nicht jenseits des

Kommerzes, ihre banale Heilslehre an, dass im Augenblick des Todes dem Sterbenden sich alles versöhnt.

Es gibt nun Sterbe-Unternehmen, Versandhäuser für angenehme Sterbe-Erwartungen, zum Beispiel die Firma „Moody, Kübler & Co.".

Altsein und Menschenwürde

Wir waren nie ein Volk von Gleichen. Bevor Napoleon den Feudal-Ordnungen unserer Kantone den Todesstoss gab, lebten wir, wie alle Länder Europas, als Gesellschaft, die von „Gottes Gnaden" geteilt war. Den Patriziaten, einer republikanischen Spielform der Aristokratie, stand ein ökonomisch geschichtetes Bürgertum gegenüber, von jener kleinen Schicht der herrschenden Familien getrennt „durch Geburt". Nicht unsere politische Vernunft hat uns aus ihren Privilegien befreit, sondern unsere militärische Schwäche. Die glückliche Niederlage von 1798 hat uns den Weg zu einer liberalen Gesellschaft gebahnt.

Die bisher grösste politische Tat der neuen Schweiz, die bewusste Schaffung eines damals progressiven liberalen Staates in der Zeit von 1848–1874, hat ihrerseits nicht zu einem „Volk von Brüdern" geführt. Die alte Schichtung wurde abgelöst durch eine neue, die sich bis heute gefestigt hat. Einer kleinen Schicht von Reichen stand der wachsende Mittelstand gegenüber und diesem eine anfänglich grosse und sehr arme Unterschicht aus Kleinbauern, Arbeitern und Dienstleuten. Heute gehören zu dieser Unterschicht, dem modernen Proletariat, vor allem die Bergbauern, die ungelernten Arbeiter, die Rentner ohne Pension und ohne Vermögen und der bunte Haufen des „Lumpenproletariats": die gesellschaftlich erfolglosen Künstler, die Aussteiger und Alternativler und die „Asozialen".

Erst in den letzten Jahrzehnten hat sich eine neue Schichtung angebahnt, die unsere Gesellschaft nach

Lebensaltern trennt. Sie läuft zwar quer zur ökonomischen Schichtung, aber ist von dieser nicht unabhängig. Einer breiten Schicht von etwa 25 bis 65jährigen, die in den Arbeitsprozess integriert sind, steht eine wachsende Schicht von Alten gegenüber, die aus diesem Prozess bereits entlassen sind, und zugleich eine Schicht von Jugendlichen, die entweder in ihn nicht einbezogen sind oder sich gar weigern, sich in ihn einspannen zu lassen. Ökonomisch sind wohl die Jugendlichen am schlechtesten dran; denn sie sind abhängig von ihren arbeitenden Müttern und Vätern, während den Alten doch ein Lebensminimum garantiert ist. Psychologisch und ideologisch aber haben es die Alten schwerer; denn sie sind die Abgeschobenen, die Menschen mit der kleinen Zukunft, die ein Gnadenbrot verzehren.

Auf dieser Schicht lastet zur Zeit eine merkwürdige gesellschaftliche Verachtung, die zugleich ökonomische und biologistische Wurzeln hat. Sie gründet in der Überzeugung, dass es eine Reifeform und ein Reifealter des Menschen gibt. Biologisch ist diese Reifeform erreicht, wenn der Mensch, im Vollbesitz seiner Kräfte, mehr oder weniger souverän über die artgemässen Verhaltensweisen verfügt; und ökonomisch ist dieses Reifealter erreicht, wenn er, voll einbezogen in den gesellschaftlichen Arbeitsprozess, auf der Höhe seiner Karriere steht. Die Alten nun, so denkt man offenbar, sind physisch-geistig und ökonomisch über dieses Stadium hinaus. Sie sind biologisch dem Prozess des Funktions-Verlustes ausgesetzt und sie sind ökonomisch zu nichts mehr nütze. Als blosse Verbraucher werden sie zur Last in einer Ideologie, die, in der Vergötterung der biologischen und ökonomischen Leistung, die Angst vor dem Tod gleichermassen verdeckt wie die Angst vor dem Zerfall des Wohlstands. Dadurch bahnt sich so etwas wie ein gesellschaftlicher Zweifronten-Krieg der Arrivierenden und Arrivierten an gegen die Schichten der „Nochnicht" (der Jugendlichen) und der „Nicht-mehr" (der Alten). Die „Lastenträger" der Gesellschaft und ihre Haie: die 35 bis 60jährigen, bereiten die Gettos vor für die Anderen. Diese Gettos heissen in einem Fall „Rente", „Altersheim" und „Lebensabend", im andern Fall „totale ökonomische Abhängigkeit", „Jugendzentren" und „Schutzrecht". Der Preis für den Einsitz im Getto ist einmal die Entrechtung, ein andermal die Verachtung.

Die früheren Agrar-Gesellschaften haben, geschützt durch die Gross-Familie, diese Probleme kaum gekannt. Wer arbeitsfähig war, war einbezogen in den Produktions-Prozess, so früh und so lang es ging, und wenn er harte Arbeit nicht mehr leisten konnte, war er, als Grossvater oder Grossmutter, ein idealer Erzieher: mild und ohne autoritäres Gehabe, offen und warmherzig und verschwenderisch für die Kleinen im Umgang mit der noch verbleibenden Lebenszeit. Sie, die Alten, waren der Hort der Geborgenheit für die Kinder. Die neue Misere ist somit auch eine Folge der Kleinfamilie, so wie diese eine Folge der Industrialisierung ist. Nicht das Altern, aber das soziale Problem des Altseins, ist ein Preis, den eine Altersschicht für unsere ökonomische Lebensform zahlt.

Wir können nicht in die Gross-Familie zurückspringen; denn diese ist mit der Agrar-Gesellschaft unwiederbringlich verschwunden. Ist also das heute drückende Altersproblem unüberwindbar? Sind die Alten dazu verdammt, im Interesse der Gesellschaft gefälligst schneller zu sterben?

Ich gestehe gerne, dass ich nicht weiss, wie man auf der Grundlage der Kleinfamilie das ökonomische Problem des Altseins lösen kann. Aber angenommen: es lasse sich auf dem Weg der AHV und der Pensionierung lösen, dann bliebe immer noch jenes gesellschaftliche und ideologische Problem der Minderwertigkeit alles Verfallenden. Aber gerade dieses muss aufhebbar sein, durch eine gesellschaftliche Leistung der Vernunft, die unser anthropologisches Bewusstsein und das Selbstbewusstsein der Alten verändert.

Der Grundgedanke ist ganz einfach: Es gehört unabänderlich zum Weg des Menschen, dass er als Anfänger zur Welt kommt und als Endender sie verlässt. Auf allen Stufen dieses Weges ist er, bleibt er und wird er Mensch. Kein Lebensalter hat die Reife gepachtet und keines ist nur ein Verenden. Die Würde des Menschen gründet weder in seiner Leistung noch in seiner Lebenskraft, sondern allein im Faktum, dass er ein Geborener ist, der immer noch wird, bis, um mit Max Weber zu reden, „ins Pianissimo des höchsten Alters". Auf allen Stufen, ob Kind, ob Greis, hat er das unveräusserliche Recht, ein Mensch zu sein und als Mensch zu gelten, und auf allen Stufen soll Menschsein seine spezifischen Qualitäten haben.

Und hier wird das Selbstbewusstsein der Alten entscheidend. Sie sind nicht einfach eine Generation, die den vergangenen Lebensqualitäten nachtrauert, sondern eine, die ihre eigenen entdeckt und entfaltet: die grössere Freiheit nach dem Prozess der gesellschaftlichen Arbeit, die grössere Milde nach den Kämpfen, die grössere Fähigkeit zum Einfachen, dem klarer bewusst wird, worauf es nun noch ankommt. Das ist kein Prozess der Verwesung, sondern eine Aufgabe der Verwesentlichung, durch die man die Furcht vor dem Alter verliert, sich erinnert, dass man ja alt werden wollte, und auch diese Lebensphase annimmt und liebt.

Für eine solche Deutung des Alters müssen die Alten sich selber einen Lebensraum schaffen. Das sind nicht die anonymen Asyle, in denen man sich, unter Preisgabe der Freiheit, zu Tode pflegen lässt wie ein ausgedientes Pferd, sondern neue Gemeinschaftsformen, die man selber erprobt und entwickelt. Weshalb gibt es keine Alterskommunen, in denen die Mitglieder autonom und solidarisch miteinander leben, sich gegenseitig ökonomisch, physisch und psychisch helfen, und von denen aus sie am kulturellen Geschehen teilnehmen? Weshalb verbünden sie sich nicht mit den Jugendlichen, deren Lage sie besser verstehen als die „Reifen" vom Amt? Weshalb nehmen sie sich nicht der Kinder von jungen Müttern an, die selber vielleicht arbeiten müssen? Weshalb so viel passive Ergebenheit, wo doch auch sie ihr Leben und die Gesellschaft verändern können?

Ich fürchte, sie und wir verwechseln manchmal etwas. Dass die Gesellschaft für ihre alten Mitglieder (besser) sorgt, ist zweifellos richtig. Dass aber die Gesellschaft sie *ver*sorgt, ist ein Skandal. Denn das verordnete „Jenseits von der Gesellschaft" ist, wenn auch kein physischer, so doch ein gesellschaftlicher Genocid. Dass aber die einen ihn mit gutem Gewissen verhängen und die andern ihn in Dankbarkeit ertragen, macht ihn nicht besser.

Der Brunnen des Thales

Von Thales, dem ersten griechischen Philosophen, wurde schon in der Antike berichtet, dass er, um die Sterne zu beobachten, in den Himmel blickend umhergegangen und dabei in einen Brunnen gefallen sei. Eine thrakische Magd, die ihm zuschaute, soll ihn verspottet haben, dass er zwar voller Eifer die Dinge am Himmel studiere, von dem aber, „was vor der Nase und vor den Füssen liege, keine Ahnung habe".

Platon, der diese Anekdote ausdeutete, sah in ihr ein Gleichnis für die Tätigkeit und für die Lebensform des Philosophen. Er kommentierte den Spott der Magd mit den Worten: „Der gleiche Spott passt auf alle, die sich ganz der Philosophie ergeben haben. Denn in Wahrheit hat ein solcher keine Ahnung von seinem Nebenmann und Nachbar, nicht nur, was er betreibt, sondern beinahe, ob er ein Mensch ist oder was sonst für eine Kreatur." Der Philosoph ist also, nach dieser Auslegung, schlechthin weltfremd, unbeholfen im Alltag, ein Abwesender in der Realität. Das war von Platon nicht als Kritik gemeint, sondern als Auszeichnung. Der Philosoph ist in der andern Welt, der Welt der reinen Wahrheit, zu Hause; in der Welt des Alltags oder der Abbilder ist er bloss ein Fremdling auf Zeit. Seine ganze Sehnsucht geht darauf aus, sie zu verlassen, also gleichsam „zu sterben oder tot zu sein".

Was da der erste Akademiker unter den Philosophen gegen die witzige Magd angerichtet hat, wurde für die Philosophie zu einem Verhängnis. Es gab fortan zwei Welten: eine eigentliche und eine uneigentliche. Die erste war die Heimat der Philosophen und die zweite die Höhle der Menge. Wer philosophiert, verlässt die zweite, womöglich für immer. Der Philosoph wird so zum Emigranten aus dem Alltag und die Philosophie zur hochkultivierten Krankheit, über den Abstraktionen das Konkrete und über den letzten Dingen den Alltag zu verdrängen und zu vergessen. Sie wird Weltflucht, mit der gefährlichen Tendenz, das Reich der Wahrheit und der Freiheit nicht mehr mit den Alltäglichen zu errichten, sondern es für wenige Auserwählte, die in Musse und Kontemplation zeitlebens Jenseitige sein dürfen, zu reservieren. In gottähnlicher Noblesse vollzieht sie den Verrat an der konkreten Welt und am gewöhnlichen Menschen.

Dass diese Tradition nicht überwunden ist, zeigt eine Erklärung des Wortes „Philosophieren", die ein Philosoph unserer Tage, der Neothomist Joseph Pieper, einmal gegeben hat: „Philosophieren ist ein Akt, in welchem die Arbeitswelt überschritten wird." Natürlich meint er nicht, dass der Philosoph im Philosophieren nichts tut. Aber seine Tätigkeit wird durch das Wort „Arbeit" erniedrigt. Denn sie ist nicht Tätigkeit aus und in der Welt „des Werktages", sondern kontemplative Musse- und Sonntags-Kultur. Die Welt der Arbeit wird somit verstanden als die verächtliche Welt, über die man sich philosophierend emporschwingen muss. Das Ende dieser Tradition, der Snobismus der bürgerlichen Bildungswelt, deklariert sich hier in wenig Worten, ohne sich selbst zu erkennen. Man kann nun dafür, dass Sokrates den Gift-Becher nehmen musste, Professor werden.

Kein Wunder, dass nach so viel Hochmut gegen das Alltägliche nun auch die Tüchtigen des Alltags, von den Mächtigen bis zu den Mägden, sich von der Philosophie trennten. Die Mägde taten es durch ihren Spott, die Mächtigen aber durch ihre Gewalt, und zwar immer dann, wenn die Philosophen noch zu wenig jenseitig waren, wenn sie also die endlichen Kreise der Macht durch ihre Lehren störten. Eine Spur von Blut und Repression geht durch die Geschichte des Denkens, zu der es vielleicht nicht gekommen wäre, wenn nicht die Weltverachtung der Philosophie die Mächtigen daran gewöhnt hätte, dass ihnen die reale Welt überlassen bleibt. Die Zwei-Welten-Metaphysik machte die Welt zur Beute der Macht und verspielte zugleich die Chance des Denkens, Aufklärung auch der gewöhnlichen Menschen zu werden.

Denn die so vornehme und reservierte Philosophie verlor sich nun auch zunehmend in einer abseitigen Sprache. Wenn nämlich die Welt der gewöhnlichen Menschen und der alltäglichen Dinge in einem solchen Ausmass überstiegen werden muss, dass man nicht mehr weiss, ob der Nachbar „ein Mensch ist oder was sonst für eine Kreatur", dann wird man auch nicht mehr wissen, ob seine Worte Sprache oder was sonst für ein Geräusch sind. Man wird also eine Sprache schaffen, die mit der Sprache der Alltäglichen nicht mehr viel zu tun hat, und man wird sagen, das sei nun die exklusive Sprache der Wahrheit, die in einem höheren Sinn erst konkret sei. Besonders die deutsche Philosophie ist darin Meisterin geworden. Sie hat Philosophen-Sprachen entwickelt, die nicht allein für Mägde kaum verstehbar sind. Wozu eigentlich? Eine philosophische Terminologie versteht sich, wie jede Fachsprache, nicht von selber. Sie muss erklärt werden durch die gemeinsame Sprache der gewöhnlichen

Menschen. Man kann diese Erklärung eine Übersetzung nennen. Damit zeigt sich ein Problem: Wenn eine solche Übersetzung unmöglich ist: wie soll man dann noch verstehen, was die Sprache des Denkers meint? Wenn sie aber möglich ist: warum wählt der Denker dann nicht die Sprache, die alle verstehen könnten? Was ist das für ein Stolz, nicht verstanden zu werden? Was hat es für einen Sinn, ein Leben lang zu denken und zu schreiben, um am Ende, wie Hegel, sagen zu müssen: „Nur einer hat mich verstanden und auch der hat mich nicht verstanden"?

Die Erklärung, dass absichtlich Sprachbarrieren errichtet worden sind, um das Denken der kritischen Kontrolle zu entziehen, wäre zu einfach. Vielmehr trifft die jeweils verstiegene Sprache, jedenfalls bei den bedeutenden Philosophen, ihre die Wirklichkeit übersteigende Welt, die so wenig die Welt der alltäglichen Menschen ist als ihr Jargon die Sprache der gewöhnlichen Menschen. Die Flucht in den Jargon ist identisch mit der Flucht in die „höhere" Welt. Jede Kritik der Philosophie, die hier allein bei der Sprache ansetzt, greift deshalb zu kurz.

Aber eine bösartigere Vermutung trifft vielleicht zu, die Vermutung nämlich, dass das prosaisch Konkrete das eigentlich Schwierige ist, das jeder abschliessenden Erkenntnis sich entzieht. Die stimmige Ontopoesie der abstrakten Welten ist nur eine harmonische und nicht selten angekitschte Form der Unredlichkeit. Die konkrete Welt der gewöhnlichen Menschen ist komplexer als die transzendente Welt der jenseitigen Philosophen; die gewöhnlichen Menschen sprechen nur einfacher von ihr.

Wenn das stimmen sollte, wäre es für die Philosophen zumindest keine Schande, sich mit den konkreten Dingen in der Welt zu befassen.

Um nochmals beim ersten, bei Thales, anzufangen: Vielleicht war er gar nicht der weltfremde Narr, als den die Anekdote ihn hinstellt. Es könnte auch sein, dass er in den Brunnen gestiegen ist, um aus dem Dunkel die Sterne besser zu sehen, und es könnte sein, dass er die Dinge am Himmel voller Eifer studierte, um sich vom Kosmos her in der Welt orientieren zu lernen. Das ist scheinbar so banal, dass es weder zum Spott noch zur metaphysischen Verklärung viel hergibt. Aber trotzdem mehr zur Ausdeutung der Tätigkeit und der Lebensform des Philosophen: Wenn er zuweilen auch in Schächte steigt und die entferntesten Dinge ins Auge fasst, so geschieht es doch letztlich, um sich in der Welt orientieren zu können. Er transzendiert nicht, um aus der Wirklichkeit zu emigrieren, sondern um sie, in der Rückkehr, besser zu verstehen und auf die Fixpunkte hin, die er zu sehen meinte, vernünftig zu verändern. Da er dies weder allein kann noch will, teilt er sein Denken mit, und da er es mitteilen will, muss es, bei aller Schwierigkeit, verstehbar und das heisst durch bessere Argumente und neue Welt-Erkenntnis widerlegbar bleiben. Sein Denken wird so ein Prozess der Wirklichkeitsorientierung in der Ding-, der Sozial- und in der geistigen Welt: eine Form der kommunikativen Aufklärung, die sich in der gemeinsamen Weltveränderung bewährt.

Märchen sind so wahr, als unsere Freiheit lebendig ist

Wir alle erinnern uns, wie wir als kleine Kinder die Welt erklärten: Der Mond war eine Lampe, die ein grosser Mann an den Himmel gesteckt hatte, oder ein helles Gesicht, das uns abends auf den Spaziergängen begleitete, sich manchmal hinter den Wolken versteckte und gegen Morgen müde wurde. Mit Blumen und Tieren konnten wir reden, und der Wind oder der Regen liess sich beschwören, wenn wir nicht allzu schlimm waren. Zwischen Denken und Fabulieren gab es kaum einen Unterschied und keinen zwischen Träumen und Fakten. Die Märchen mussten wahre Geschichten sein; denn sie zeigten die Welt so, wie wir sie erlebten: magisch, mythisch und beseelt.

Jeder erinnert sich auch der Zeit, da ihm die Einheit dieser märchenhaften Welt allmählich zerbrach. Wir wussten nun, dass Blumen und Tiere nicht reden können, dass es keine Wunder und keine Zauberer gibt: dass Märchen also nicht wahr sind. Das Erwachen der Rationalität lehrte uns die Welt neu verstehen, als eine Verkettung von Ursachen und Wirkungen, die nichts Magisches mehr an sich hatte. Nun legten wir die Märchen voller Verachtung weg oder lasen sie bloss heimlich, nicht ganz ohne Scham.

Was so jeder von uns erlebte, ist eine Wiederholung des vielleicht entscheidendsten Schrittes in der Geschichte des Denkens: die allmähliche Befreiung des Logos, der Wahrheit, aus den Geschichten. Historisch ist dieser Schritt in unserem Kulturraum erstmals im 5. und 4. Jahrhundert vor Christus in Griechenland getan und später in vielen Abwandlungen mit immer grösserer Radikalität wiederholt worden: im Aufbruch zur wissenschaftlichen Neuzeit, in der Aufklärung, in der amerikanischen und französischen Revolutionszeit und in der spezifisch modernen Technokultur. Dabei hat die Entmythologisierung der Welt vor nichts Halt gemacht. Sie hat uns schliesslich ein wissenschaftlich-technisches Weltverständnis beschert, in dem Mythen, Märchen, Sagen und überhaupt Geschichten keinen Platz und keinen Sinn mehr zu haben scheinen. Das Irrationale ist das Nicht-Sagbare. Die Grenzen meiner Sprache sind die Grenzen meiner Welt.

Diese Welt mit der einfachen Syntax und den eindeutigen Zeichen einer durchrationalisierten Sprache schien eine Weile ihren eigenen Zauber zu haben. In ihr wurde alles verrechenbar, voraussehbar, kontrollierbar und machbar. Die frühkindliche artifizialistische Welterklärung war durch Disziplin zur Wissenschaft geworden, und in gewissem Sinn antwortete die Natur auf unsere Fragen, die wir ihr durch Experimente stellten. Aber sie tat es nun präzis, im Kalkül erfassbar, sofern sie, wie man das etwas überheblich nannte, unserer Theorie genügte.

Diese Welt erwies sich indes sehr bald als eine dürftige und dann als eine apokalyptische Welt: dürftig war sie durch die Herrschaft des platten Wissens über jedes Geheimnis, apokalyptisch durch die Zerstörung oder Vernachlässigung aller Qualitäten in der Herrschaft des Quantifizierbaren. Sie selber verkehrte sich in einen neuen Unheils-Mythos, der zu Ende erzählt ist, wenn die schlechteste Möglichkeit gefunden ist: die Zerstörung der Bewohnbarkeit der Erde und der

Freiheit in ihr — der Kosmos ohne ein Auge, das ihn sieht und über ihn staunt.

Es konnte nicht ausbleiben: dieses ins Unheil verkehrte Gesicht der Rationalität rief nach neuen Zaubereien: nach dem Pseudorationalismus der Astrologie, an die heute mehr Menschen glauben als an die Religionen; nach dem Drogenkult, dieser passiven und konsumptiven Magie durch vermeintliche Bewusstseinserweiterung; nach religiösen und politischen Heilslehren oder nach dem chaotischen Ausbruch aus der Gesellschaft, die als ganze ein System von widerlichen Zwängen zu sein schien. Aber nicht allein nach all diesen billigen Magien, sondern auch nach der Phantasie, die im Spiel die Gegenwelten entwirft zur Welt, die wir haben.

Kein Spiel der Phantasie hat dies reiner getan als das Märchen. Es zeigt uns Welten, in denen Dummheit und Niedertracht zwar mächtig sind, aber dennoch besiegt werden; in denen alle Geschöpfe miteinander kommunizieren; in denen die Gesetze des Alltags am Zauber des Unerwarteten zerbrechen, und in denen der Mensch erhöht wird, wenn er den möglichen Weg der Rettung noch findet. All das sind nicht Ausgeburten der Phantasie, sondern bildliche Umspielungen der uralten Sehnsüchte und Lebensentwürfe in uns: das Unheil kann besiegt werden, die friedliche Welt kann wieder hergestellt werden, die Verwandtschaft mit der ganzen Schöpfung kann erlebt werden.

Märchen sind so auch unsere Utopien, die kleinen Geschichten von unseren grossen Aufgaben, die Erzählungen von der wunderbaren Erneuerung der Ordnung durch uns selbst, die niemals resignierenden Visionen von einem möglichen Glück.

Wir lesen und erzählen sie heute neu, weil sie der Verzweiflung, dem Kulturpessimismus und der Apokalypse eine Grenze setzen, und weil wir wissen, dass die Apokalypse eine Grenze an unserem Handeln hat. Wenn aber eine Zeit als ganze im Vorschein der Apokalypse steht, dann erinnern sie diese an das immer noch Mögliche: an die Errettung durch das richtige Wort und das richtige Handeln aus Freiheit. Sie, die Freiheit, ist das Wunder, das die Gesetze und Zwänge zu sprengen vermag, die wir uns selber aufgebürdet haben. Märchen sind so aus ihrer Phantasie realistischer als das Gerede vom notwendigen Untergang, weil sie auf das Nicht-Voraussehbare der Freiheit setzen. Sie sind so wahr, als unsere Freiheit lebendig ist.

Abschied vom Wunder

Wissenschaften machen ihre Fortschritte durch überprüfbare Problemlösungen. Sie dürfen so legitimerweise Probleme als gelöste zu den Akten legen. Die Philosophie ist nur selten in dieser glücklichen Lage. Sie kriegt ihre Probleme meist auf zweifelhafte Weise vom Tisch: sie vergisst, verliert das Interesse an ihnen, erklärt sie für nichtig oder *glaubt*, sie seien abgetan. „Gelöst" sind diese Probleme dann nur, weil und wenn sie sich nicht mehr stellen. Den Wissenschaften hingegen stellen sich Probleme nicht mehr, weil und wenn sie gelöst sind.

Ein derart „gelöstes" Problem war für die Philosophie die Frage nach den Wundern. Nachdem Spinoza, Kant und Feuerbach radikal die Möglichkeit von Wundern bestritten hatten, interessierte sich kaum noch ein Philosoph für diese Frage. Sie schien ins Archiv des Denkens zu gehören und dort eher in ein Kuriositäten-Kabinett.

Eben als man an diese Archivierung schritt, wurden erneut Bedenken laut, diesmal verursacht durch neue Erkenntnisse der Wissenschaften:

— Die Quantenmechanik musste im Mikrobereich das Kausalgesetz als Instrument der Voraussage preisgeben und sie interpretierte auch im Makrobereich Naturgesetze nur noch statistisch als Regeln von sehr hoher Wahrscheinlichkeit. Das aber bedeutet: Abweichungen von Naturgesetzen sind *theoretisch* möglich, wenn auch ihre Wahrscheinlichkeit so minim ist, dass sie *praktisch* unmöglich bleiben.

— Die Parapsychologen sicherten Fakten, die das

kritische Bewusstsein lange Zeit für unmöglich gehalten hatte, und sie wiesen experimentell Wirkungskräfte nach, deren Gesetze wir nicht kennen.

— Die Medizin blieb vor dem Phänomen der Heilung weitgehend ratlos, milderte ihre Skepsis gegenüber ungewöhnlichen Heilerfolgen und öffnete sich weit den ausserphysiologischen Erkrankungs- und Heilungsfaktoren.

Insgesamt drangen die Naturwissenschaften schubhaft in ganz neue Horizonte vor und schienen überall Ausblicke in das Wunderbare zu eröffnen. Durch all das kamen die gesicherten Grenzen des mechanistischen Weltbildes in Fluss. Man wurde wieder sensibilisiert für uralte Kinderfragen und unter ihnen für die Frage: „Gibt es Wunder?"

Um einen Weg durch die damit verschlungenen Probleme zu finden, sprechen wir vorerst vom Wunder im strengen Sinn, dann vom noch Unerklärten, dann vom Wunderbaren und schliesslich von der Struktur des Wunders im Freiheitsakt.

Wunder im strengen Sinn

Wunder sind die Sensationen des Glaubens. — Wenn die Herzen der Heiden sich verstockten, die Argumente der Missionare versiegten oder die Helden des Glaubens sonstwie in Not gerieten, so hatten die auf Propaganda bedachten Götter aller Religionen ein Einsehen. Sie hiessen die Sonne stille stehen, weckten Tote auf, liessen ihre Favoriten zum Himmel fahren und versprachen sogar, bei Gelegenheit Berge zu versetzen. Sie gaben so ein Zeichen, das ihre Allmacht und ihre Göttlichkeit umso klarer bewies, je augenfälliger es den Naturgesetzen widersprach. In ihrer Liebe zum Paradox bezeugten sie sich, indem sie wider sich als Schöpfer der Natur verfuhren. Durch die Schaffung des Unmöglichen setzten sie den zweifelnden Verstand matt. Man *musste*, von den Fakten überwältigt, einfach glauben. – Wunder im strengen Sinn war so das Ereigniswerden des Unmöglichen als Zeichen der Allmacht Gottes.

Wer bei solchen Geschehnissen dabei war, hatte fortan gut glauben. Die anderen konnten in ziemliche Not geraten. Denn, so lehrte man, ihre Seligkeit hing gerade davon ab, ob auch sie das Unmögliche glaubten. Das Wunder, einst erwirkt, um den Zweifelnden unter den Zeitgenossen den Glauben leichter zu machen, machte ihn den Gläubigen unter den Nachgeborenen schwerer. Es verdoppelte das Paradox. So wie die Menge den Gott im Wunder nach der Maxime verehrte: „Je unmöglicher das Geschehnis, desto allmächtiger der Gott", so musste sie nun den Gläubigen nach dem Leitsatz bemessen: „Je blinder der Glaube, desto grösser die Liebe zu Gott."

Diesen Salto mortale der Vernunft mochte der Glaube als Demut verstehen. Die Philosophie sieht in ihm ihre Demütigung. – Angesichts von Wundern im strengen Sinn kann sie eigentlich nur zwei Positionen einnehmen: Will sie nicht den Satz vom Widerspruch und damit das Fundament ihres Denkens preisgeben und will sie nicht auf klare Begriffe des Möglichen und Unmöglichen verzichten, so hält sie Wunderberichte entweder für unwahre oder für symbolische Berichte. Im ersten Fall sieht sie in ihnen Auswüchse einer krankhaften Phantasie, bauernfängerische Glaubens-

Propaganda oder schlechte Dichtung auf das Wunderbare; im zweiten Fall die verschlüsselte, indirekte und vielfach deutbare Sprache der Transzendenz für Glaubende. In keinem Fall nimmt sie die mitgeteilten Geschehnisse als Fakten ernst: in keinem Fall glaubt sie an Wunder.

Wenn ihr aber die Möglichkeit der symbolischen Deutung verwehrt wird, vielleicht weil das Dogma gilt und die Dogmatiker herrschen, dann kehrt sich für sie die Glaubensfunktion der Wunderberichte radikal um. Wunder dienten vorerst den Religionen als Einstieg und wurden dann zu deren Eckpfeiler. Ein System aber, das das Unmögliche zum Eckpfeiler macht, macht sich selber vor der Vernunft unmöglich. Die Religions-Kritik wird also beim Fakten-Wunder einsetzen, es der Destruktion preisgeben und in diese Zerstörung die Religion selber einbeziehen. Wunder werden so zu Totengräbern der Religionen. Ihre dialektische Wirkungsgeschichte bringt sich zu Ende in der Tötung der Götter.

All das heisst nicht: Die Philosophie erträgt keine Wunderberichte und keine Religion. Sondern nur: die Religion, die sie ertragen kann, darf nicht widervernünftig sein. *Ein* Kriterium ihrer Widervernunft aber wäre das Wunder als Geschehnis des Unmöglichen. Die Philosophie kann es aufheben, auch um die Religion zu retten. *Mit* ihm kann sie nur glauben, wenn sie es als Chiffre verstehen darf, die sie vielleicht verwirft. Eher aber wird sie die Götter töten und das heisst: an sie nicht mehr glauben, als auf das faktische Geschehnis des Unmöglichen setzen.

Das Unerklärte

Viele Menschen, die heute von Wundern sprechen, denken indes nicht gleich an Himmelfahrten und Totenerweckungen, sondern vielleicht an allerhand parapsychische Kuriositäten oder an spontane Heilungen. Wunder nennen sie nicht das Geschehnis des Unmöglichen, sondern ein zwar mögliches, aber ungewöhnliches und unerklärtes Ereignis.

Warum nennen sie solche Ereignisse überhaupt Wunder? Diese Benennung kann nur einen Sinn haben, wenn hinter dem Unerklärten und Ungewöhnlichen die Wirkung einer transzendenten Macht geglaubt wird, sei diese nun göttlicher, diabolischer oder sonstwie dämonischer Art. Dass eine derartige Macht aber im Spiele steht, kann niemand wissen. Wer ein mögliches, aber unerklärtes Ereignis Wunder nennt, *setzt*, dass in ihm eine transzendente Macht wirkt. Er begründet das unerklärte Reale durch eine transzendente Causa. So gibt er eine Erklärung, die keine ist, weil er von transzendenten Mächten nichts weiss. Er sagt nicht etwas aus über das Ereignis, sondern über seinen geistigen Zustand oder über seine intellektuelle Redlichkeit: Je verwirrter der Kopf, desto voller von Wundern. Wenn aber die Zahl der Wunder umgekehrt proportional wird zum Umfang des Wissens und zur Schärfe der Kritik, dann hat das etwas mit der Dummheit zu tun.

Damit sei nun wiederum nichts gesagt gegen mögliche unerklärte Ereignisse. Es gibt sie in grosser Zahl und oft in ganz banalen Bereichen. Wir wissen z.B. noch nahezu nichts über das eigentliche Geschehen beim Verheilen einer einfachen Schnittwunde.

Ob unerklärte Ereignisse nun häufig oder selten vorkommen: eine philosophische Denkungsart wird sie einstufen als *noch* unerklärte und das heisst für sie, als Ereignisse, deren Erklärung wir suchen müssen. Dabei verfährt die Vernunft nach der Maxime: Offenheit vor dem Phänomen und Hartnäckigkeit im Versuch seiner Ergründung. Sie wird sich also weder von ganzen Erfahrungsbereichen absperren noch wird sie vorgeben, deren Rätsel voreilig zu durchschauen. Zu ihrer guten Tradition gehört es, im Eingeständnis „Ich weiss es nicht" eher den Ausdruck ihrer Redlichkeit als ihrer Schande zu sehen. Im Namen dieser Redlichkeit bekämpft sie gleichermassen durch Kritik die fromm oder okkult anmutenden Scheinerklärungen des noch Unerklärten, die pseudowissenschaftlichen Scharlatanerien mit dem Ungewöhnlichen, das borniert Ausschliessen möglicher Erfahrung und das sterile Verharren im bereits Bekannten und Erklärten. Ihr Votum für eine offene Rationalität bedeutet nicht, dass sie in der Plattheit des bloss Rationalen strandet. Durch die Negation der allzu billigen Wunder schärft sie gerade den Blick für das Wunderbare in den natürlichen Dingen.

Das Wunderbare

Dass ich von den Toten auferweckt werde, wäre ein Wunder; dass ich überhaupt bin, ist etwas Wunderbares.

Dass ich als Blinder plötzlich sehend gemacht werde, könnte ein Wunder sein; dass ich das sehende Auge in der Welt bin, ist etwas Wunderbares.

Wenn etwa im Winter ein Gott einen Baum augenblicklich erblühen liesse, wäre das ein Wunder; wenn ein Baum schlicht nach der Ordnung der Natur erblüht, weist er ins Wunderbare.

Das Wunderbare ist das ins Geheimnis Weisende an allen Dingen. Es ist im Gewöhnlichen und Ungewöhnlichen, im scheinbar ganz Erklärten und im Unerklärten. Aber am stärksten spricht es vielleicht aus dem Alltäglichen, Einfachen, Natürlichen.

Das Wunderbare zeigt sich nicht als unbestreitbare Objektivität, sondern eher als deren Grenze, die sich übersehen lässt. Man kann es negieren, indem man sagt: „Wohl ist die Welt noch voller Rätsel. Aber Rätsel können gelöst werden. Wenn alle gelöst sind, ist die Welt erklärt. Darüber hinaus gibt es kein Geheimnis." So spricht die rationalistische Betrachtungsweise, die wir voreilig für die wahrhaft wissenschaftliche halten. Sie verkürzt alle Wirklichkeit um eine Dimension, die nicht im Erklärbaren endet, sondern ins Geheimnis weist. Dort aber ist der Ort, an dem das philosophische Denken anfängt als Staunen. Wenn es diese Anfänglichkeit vor dem Geheimnis verliert, wird es platt und dumm. Es mag dann die Möglichkeit finden, seine Banalität brillant zu kaschieren. Zurück aber lässt es das Gefühl, die Wirklichkeit verfehlt zu haben.

Das Wunder ist nicht etwa die höchste Steigerung des Wunderbaren. Es ist vielmehr der Sieg der mythischen Macht über die Natur und damit auch über das Wunderbare in ihr. Der Wunderglaube verdirbt insofern das Sensorium für das Wunderbare. Er ist, noch in seiner Irrationalität, der Plattheit des zyklopischen Rationalismus verwandt. Neben der Sensibilität im Sinn für das Wunderbare wirkt seine Dürftigkeit schwerfällig. Der Wunderglaube ist nur der Polterabend der Vernunft vor ihrer Hochzeit mit einer Heilslehre. Man muss ihn fliehen, um der Wirklichkeit ihre Tiefe — nicht zu nehmen.

Die Struktur des Wunders im Freiheitsakt

Gehören damit Wunder und Wunderglaube endgültig in die Geschichte der Widervernunft? — Dagegen spricht vielleicht noch ein Moment: die *Struktur* des Wunders.

Das Wunder durchbricht die gegebene Ordnung der Natur. Es beginnt, wider die laufenden Kausalreihen, unvermittelt und im Sprung eine neue. Die Struktur des Wunders ist der Bruch mit dem Gegebenen und das anfängliche Setzen von etwas Neuem, aus einem transzendenten Grund.

Diese Struktur des Wunders ist identisch mit der Struktur unserer Freiheitsakte.

Freiheit nennen wir das transzendente Prinzip im Menschen, aus dem heraus er einen neuen Anfang setzen kann. Dieser Anfang mag vielfach motiviert sein. *Anfang* aber nennen wir ihn nur, weil er durch die laufenden Kausalreihen nicht zureichend bestimmt ist. Jeder Anfang verlässt so ein Gegebenes und setzt etwas Neues.

Weil wir aus und durch Freiheit einen Anfang setzen können, sind wir nicht anonyme Lebewesen, die bloss wachsen und altern, sondern Menschen, die aus sich und so über sich hinaus gehen. Das aber heisst wortwörtlich: wir sind Wesen, die existieren. Wir existieren anfänglich und anfangend.

Wenn die Struktur des Wunders eine Analogie zur Struktur menschlicher Freiheitsakte ist, dann ist das Wunder selber eine ins Menschenunmögliche getriebene materielle Einkleidung dieser an sich menschlichen Struktur. Weil sie ins Menschenunmögliche hinausgetrieben ist, gilt ihr Prinzip als übermenschlich, und weil dieses als übermenschlich gilt, wird seine materielle Einkleidung zum Zeichen Gottes. Das göttliche Wunder ist so nur die überdimensionierte Chiffre des Freiheitsaktes. Auch im Geschehnis des Unmöglichen haben also die Menschen den Gott nach ihrem Bild geschaffen — in einer Projektion über ihre eigenen Grenzen und über die Grenzen der Natur hinaus.

Sollen wir also das göttliche Wunder als memento unserer Freiheit bewahren?

Nein. Denn diese überdimensionierte Chiffre des Freiheitsaktes zeigt eine schrankenlose Freiheit, die nicht mehr an unsere Freiheit erinnert, sondern diese verschlingt. So wie das Wunder den menschlichen Verstand matt setzt, so vernichtet es den menschlichen Widerstand und in ihm unsere Freiheit. Und das ist der letzte Grund für seinen Abtransport. —

Im Abschied vom Wunder verlieren wir nichts als ein Stück unserer Unterdrückung. Erst die *bewusste* Preisgabe des Wunderglaubens lenkt zurück auf die Struktur des Freiheitsaktes und auf jene alltäglichen „Wunder", über die nachzudenken sich allein lohnt: die Akte, durch die wir uns und die Welt verändern, weil wir in ihnen einen neuen Anfang setzen.

Offenbarung und Freiheit

Das Vorgehen der Vatikanischen Glaubenskongregation gegen Hans Küng wirft die alte Frage erneut auf, wie sich der Glaube an Offenbarung mit der Freiheit vertrage. Ich fürchte: gar nicht. Zwar kenne ich Offenbarungsgläubige, die ich in ihrem Denken und Handeln für freie Menschen halte; aber ihre Freiheit ist vielleicht mehr der Charme einer Inkonsequenz. Sobald sie die Katholizität der christlichen Offenbarung ernst nehmen, bleibt ihnen nur *ein* Weg: in den entscheidenden Glaubensfragen müssen sie die Vernunft der Paradoxie opfern. Denn ihr Glaube liegt quer zur Vernunft.

Gottes Sohn, so besagt er, vom Vater geschickt, vom Heiligen Geist gezeugt und von einer Frau geboren, ist Mensch geworden. Als Mensch ist er, unfehlbar wie Menschen nicht sein können, Gott geblieben, hat sich für die Fehlbarkeit der Menschen am Kreuz geopfert, ist, nach seiner schuldlosen Hinrichtung, auferstanden und zum Vater heimgekehrt, der er selber auch ist. Dieses ganze Geschehen aber ist in Heiligen Schriften zu den Akten gelegt. Die Kirche, ausserhalb der es kein Heil gibt, bewahrt seinen Sinn durch autorisierte Ausleger − sei dies nun das Konzil oder der Papst −, die sich in Glaubensdingen nicht irren können. Ihre Verkündigung muss somit von der ganzen Christenheit unbedingt befolgt werden.

Ich sage nun: Keines dieser Elemente ist vor der blossen Vernunft wahr. Denn für sie, die Vernunft, kann Gott kein Mensch und kein Mensch kann Gott sein. Das zentrale christliche Dogma ist Menschenvergötterung — ein Stück monstruösen Aberglaubens. Dass dieser Gott einen Vater und eine Mutter hat, macht das Lehrgebäude nicht wahrer, sondern nur kitschiger. Und dass dieser Sohn zugleich der Vater ist, verlangt den Salto mortale aller Vernunft. Der Gedanke aber, dass *ein* Opfertod, „das Blut Jesu Christi", wie es im Jargon heisst, das Ausmass des Bösen in der Welt tilgt und von ihm erlöst, ist absurde Blut- und Opfermythologie, wie die Lehre, dass dieser Gott leiblich von den Toten auferstanden und zum Himmel gefahren sei, ein Stück antiker Wundermythologie ist. Dass schliesslich eine Institution das Heil aller Seelen verwaltet und dass ein Mensch darin unfehlbar und absolut herrschend ist, schlägt jeder Vernunft ins Gesicht. Kurz: Das dogmatische Christentum ist absurd und paradox. Die grossen christlichen Denker haben dies nicht weniger deutlich ausgesprochen als die Aufklärer.

Mir scheint nun, dass es diesem Glauben gegenüber drei konsequente Haltungen gibt:

a) Der Sprung in das Absurde und Paradoxe hinein: „Ich glaube, *weil* es absurd ist." Das ist nicht bloss eine mittelalterliche Haltung. Auch Pascal und Kierkegaard haben sie gewählt, in der klaren Einsicht, dass der Widerstreit zwischen Vernunft und Offenbarung allein durch Gehorsam gelöst werden kann. Die katholische Kirche hat diese Einsicht konsequent institutionalisiert. Ihr Machtanspruch rechtfertigt sich in der Wahrheit, die höher ist als alle menschliche Vernunft. Wenn die absolute Wahrheit und das absolute Heil gegeben sind, und zwar ausschliesslich in *einer* Auslegung *einer* Offenbarung, dann muss sich dieser alles beugen.

b) Der Gottesglaube wird zwar bewahrt, aber im Bewusstsein, dass wir nicht wissen, *ob* und *was* Gott ist. Alle Offenbarung wird hier als Chiffre verstanden, die versucht, in Bildern und Geschichten auf das Nicht-Wissbare hinzuweisen, ohne es letztlich objektivieren zu wollen. Die Offenbarung als Objektivation der absoluten Wahrheit wird fallen gelassen. Eine Religiosität jenseits der Offenbarung entsteht, die nicht in die Falle der Ausschliesslichkeit geht. Das ist ein überkonfessioneller Glaube, der sich aus Vernunft erhellt, darin aber letztlich scheitert. Im Scheitern wählt er trotzdem den nicht fixierbaren Glauben an den unbekannten Gott – um der praktischen Konsequenz willen: Nur so verträgt sich der Gottesglaube mit der Freiheit des Menschen.

c) Die Ablehnung jedes Gottesglaubens, zwar auch im Wissen, dass man nicht weiss, aber nun aus andern Gründen der praktischen Vernunft: Es ist besser nicht an Gott zu glauben, weil nur so der Mensch die Verantwortung für sich und die Welt ganz übernehmen muss. „Dass Gott *nicht* ist, ist ein Postulat der praktischen Vernunft." Offenbarung interessiert nur noch als Lehrstück innerhalb der Katastrophen des menschlichen Geistes, das zeigt, wie die Grundkategorie der absoluten Wahrheit, die Ausschliesslichkeit, notwendig zur Gewalt führt.

Die katholische Kirche hat von jeher offiziell allein die erste Möglichkeit gelten lassen, im Unterschied zum Protestantismus, der sich der zweiten geöffnet hat. Sie ist bei der unité de doctrine geblieben. Zwar hat auch sie die Vernunft gesucht, aber nur um den fixierten Glauben eingängiger und plausibler zu machen. Und auch sie hat Zuflucht zu Erneuerungen genommen, aber nur, um das Lehrgebäude und die Institution zu festigen. Für sie übernahm die Vernunft ausschliesslich die Funktion der Propaganda für den Glauben. Ratio war die Schlauheit, in den Glauben „hinein zu betrügen" (Kierkegaard). Dass es darüber hinaus etwas wie Freiheit der Argumentation geben könnte, hat sie nie gelehrt und nie versprochen. Eben in dieser Unerbittlichkeit liegt die Grösse und das Böse dieser Institution: die Grösse in der Konsequenz, die vor keinem Paradox zurückschreckt; das Böse im Anspruch, ein Anrecht auf Ausübung von Gewalt zu haben: blutig, solange die Macht ausreicht; strukturell, solange die Hierarchie intakt ist; symbolisch, solange es Offenbarung als objektivierte Wahrheit gibt. Ausser ihrem Glauben war *alles* Irr- oder Unglaube.

Dieses unversöhnliche Entweder−Oder macht es allen anderen schwer, auch Menschen, die zwar religiös sind, aber nicht an die Objektivierbarkeit der absoluten Wahrheit glauben, zu ihr ein ausserpolemisches Verhältnis zu finden. Wer die Vernunft aus Überzeugung unterdrückt, darf nicht auf die Freundschaft derer hoffen, die im Glauben lieber auf die Vernunft als auf Offenbarung setzen.

Wer freilich ganz ausserhalb steht, dem bietet der institutionalisierte Offenbarungsglaube ein merkwürdiges Spektakel: Er breitet die Arme weltweit in christlicher Milde aus, um in ihnen die Freiheit seiner Kinder zu ersticken. Er predigt die Liebe und übt die Gewalt. Er wirbt mit Charme und kämpft mit Verbissenheit. Er redet von Menschenwürde und greift zur Inquisition.

Aber gerade dieses paradoxe Verhalten ist das konsequente. Wenn ein Mensch Gott ist, die absolute

Wahrheit und das absolute Heil in die Welt gekommen sind, dann kann es keine Wahrheit und kein Heil ausserhalb geben. Die Gewalt versteht sich dann als ein Akt der Barmherzigkeit gegenüber sonst Verlorenen. Das lehrte schon Augustin. Wojtyla macht in dieser Hinsicht keine Ausnahme – er ist nur konsequent.

Unverständlich werden dann eher Gestalten wie Hans Küng. Wie kann man nur glauben, dass Jesus Gott ist; wie kann man nur zum Mitträger einer Institution werden, die diese „Wahrheit" verwaltet, und wie kann man nur einen Papst überhaupt dulden – wenn man doch frei sein möchte! Wer die absolute Wahrheit nur etwas besser herausstellen möchte, meldet letztlich seine Anwartschaft auf den Stuhl des Papstes an, und wer dem Konzil die Unfehlbarkeit zubilligt, übertüncht bloss den Totalitarismus mit einer Scheindemokratie. Das Ausschliessliche ist eben ausschliessend. Es wird nicht totalitär durch eine Verirrung, sondern es ist in seinem Wesen totalitär, handle es sich nun um eine religiöse oder eine politische Heilslehre. Wo aber das Heil sich objektiviert hat, ist das Recht des Menschen ein schwaches Argument.

Das ist der Grund, weshalb wir nein sagen – zur Orthodoxie und selbst noch zu ihrer Schein-Liberalisierung. Ein positivierter Offenbarungsglaube verträgt sich nicht mit der Freiheit und deshalb auch nicht mit der Würde des Menschen.

Für einen kritischen Atheismus

Der Atheismus ist aus der Mode gekommen. Wer sich heute zu ihm bekennt, wird in die Landschaften vergangener Jahrhunderte gestellt: in die Gegenden der „esprits forts" des 17., der illusionären Aufklärer des 18., der Träumer vom sozialistischen oder anarchistischen Menschen oder gar vom Übermenschen des 19. Jahrhunderts. Ein Beigeschmack von theoretischer und praktischer Unvernunft scheint ihm anzuhaften. Denn dass Gott totgesagt worden ist, hat sich vielerorts schlecht ausbezahlt, und dass er nicht sei, ist für die meisten der grossen Naturforscher offenbar schwerer denkbar, als dass er sei.

Etwas wie eine religiöse Erneuerung scheint denn auch die Welt zu ergreifen. Neue Heilslehren und Heilsbewegungen schiessen aus dem Boden — in allen Schattierungen: von der Scharlatanerie bis zur echten Frömmigkeit. Ganze Staaten verstehen sich wieder als primär religiöse Republiken. Die Päpste werden als Heilsbringer in aller Welt gefeiert. Die Sozialisten haben sich längst mit den Kirchen arrangiert oder sind selber religiös geworden. Die bisher letzte Philosophie, die rhetorische der „Nouveaux philosophes", lehrt wieder, dass der Glaube an den fernen Gott der einzige Garant gegen die Vergewaltigung des Menschen durch den Menschen sei.

Sofern der Atheismus, wie vor ihm der Theismus, zuweilen den Irrweg der dogmatischen Lehre eingeschlagen hat, ist jede Absage an ihn nur zu begrüssen. Er taugt nämlich als Dogmatismus theoretisch gleichviel wie jeder Theismus — nichts! — und er führt praktisch in die gleiche Gewalt, die vor ihm, im Namen der Götter, nicht selten ausgeübt worden ist: in die Vernichtung der möglichen Freiheit. Ja, könnten wir nur zwischen den beiden Formen des Dogmatismus und damit der Unfreiheit, wählen, dann wäre die theistische vorzuziehen, weil sie das Denken an den Grenzen des Endlichen nicht blockiert und es insofern weniger schnell in den Banalitäten stranden lässt.

Das ist indessen nicht die Wahl, vor der wir als Denkende stehen. Seit klar geworden ist, dass die theoretisch einzig ernstzunehmende Antwort auf die Frage, ob Gott existiere, die Einsicht ist, dass wir nicht wissen können, hat jede Gotteslehre, sei sie nun theistisch oder atheistisch, ihren „theoretischen" Anspruch verloren. Wären wir nur theoretisierende Wesen, so bliebe uns nichts anderes übrig, als jede Aussage über Gott kritisch aufzuheben, im übrigen aber auf die Frage nach der Existenz Gottes uns der Stimme zu enthalten. Die Weisheit des Philosophen wäre sein Schweigen.

Als konkret lebende und handelnde Menschen aber werden wir die Frage, ob Gott ist, in unserem Glauben dennoch entscheiden. Das ist kein Widerspruch. Gerade wo wir nicht wissen können, ist der Raum für einen freien Glauben geschaffen, der immer ein subjektiver Glaube in praktischer Absicht ist. Die Wahl, vor der wir stehen, lautet dann: Ist es vernünftiger, mein Handeln und im weitesten Sinn meine Existenz auf den Glauben zu gründen, dass Gott ist, oder auf den Glauben, dass er nicht ist?

Ich halte die Wahl des zweiten für vernünftiger. Denn mir scheint: Wenn wir auf die Existenz Gottes setzen, ist die Freiheit und die Würde des Menschen nicht zu retten. Selbst wenn wir darauf verzichten, Gott irgendein Attribut zuzuschreiben und somit nicht auf die scheusslichen Konstruktionen eines allmächtigen, allbestimmenden und allwissenden Wesens verfallen, im Verhältnis zu dem uns Menschen nur Bestimmtsein, Ohnmacht und Preisgabe der Vernunft zukommen könnte, wird doch der Glaube an Gott immer mit dem Gefühl der „schlechthinnigen Abhängigkeit" verbunden sein. Der sittliche Wille, unabhängig und darin frei zu werden, wird im Prinzip gebrochen, die Bereitschaft zur Abhängigkeit aber verewigt. Die Voraussetzung für Herrschaft und Knechtschaft bleibt in der Welt. Ich vermute, Bakunin hat Recht: „Solange wir im Himmel einen Herrn haben, werden wir auf Erden Sklaven sein."

Man kann dem entgegenhalten, dass jede Religion eine Dimension der Freiheit kennt, die über die Reichweite der politischen und sittlichen Freiheiten hinausweist. „Der Glaube wird euch freimachen." Aber das ist nur eine neue Gefahr. Wir erkennen sie daran, dass alle Religionen Lebenskonzepte liefern, in denen der Preis für die Freiheit die Freiheit selber ist: man erringt die religiöse Freiheit in der Preisgabe der personalen und der gesellschaftlichen Freiheiten. Es gibt aber keine anderen konkreten Freiheiten ausser ihnen.

Im Bewusstsein der schlechthinnigen Abhängigkeit muss überdem die Verantwortung erlahmen. Das bereits Geschehene „musste so kommen", und das Künftige „wird sich schon geben". Vergessen wird, dass wir (meist) auch anders hätten handeln können, und dass kein Gott uns die Zukunft bestellt. Die Verhältnisse liegen am Menschen, und er allein muss sie verändern.

Wenn aber Freiheit und Verantwortung zurückgehen, dann vermindern sich die Chancen des moralischen und des vernünftig politischen Handelns. Um ihretwillen ist es besser, auf Gott zu verzichten. Dass Gott *nicht* ist, ist ein Postulat der praktischen Vernunft.

Dieser praktische Atheismus hat übrigens nichts Missionarisches an sich. Er weiss, dass theoretisch nichts entschieden werden kann. Durch seinen praktischen Willen bleibt er ganz unfanatisch. Wer mit ihm nicht leben und arbeiten kann, geht besser an ihm vorbei. Er ist keine Heilslehre, aber auch kein nihilistisches Klagelied, sondern nur ein persönlicher Glaube, der auf die Chance der Freiheit setzt.

Blasphemie

„Blasphemie" heisst Lästerung oder Schmähung. Das Wort nennt keinen Adressaten. Wir könnten auch die Schmähung eines Dissidenten oder der Basler Regierung Blasphemie nennen. Es ist aber üblich geworden, allein die Lästerung Gottes so zu nennen. Als ob nur er geschmäht werden könnte! Was also ist Gotteslästerung?

Je nachdem. Vorerst ein Wort für etwas, das es nicht gibt, sofern man nicht an Gott glaubt. Man kann nicht im Ernst ein Nicht-Seiendes schmähen; aber man schmäht unweigerlich den, über den man ein Nicht-Seiendes als Allmacht setzt. Für den Atheisten ist insofern jeder Satz, der die Existenz Gottes behauptet, Blasphemie: Schmähung des *Menschen* und der Natur. Atheisten sind ständig von den Blasphemien der anderen, der Theisten, umgeben. Diese Blasphemien sind bei uns geschützt, gesellschaftsfähig und staatstragend. – Mutig sind sie allein in atheistischen Systemen.

Was aber ist Gotteslästerung unter Theisten? Nicht so sehr das, was die Atheisten über Gott sagen – denn diese „leugnen" ja bloss die Existenz Gottes –, sondern all das, was jene Theisten sagen, die eine andere und das heisst in dogmatischen Zeiten immer: eine kränkende, Gottesvorstellung haben oder die sich auf eine andere, ebenso kränkende, Offenbarung berufen. Diese dogmatische Erklärung der Blasphemie, die einzig konsequente für alle religiösen Fundamentalisten, ist für die echte Frömmigkeit indes selber die grösste Blasphemie.

Wenn wir Frömmigkeit nicht bloss als Zugehörigkeit zu einer Konfession oder zum Theismus verstehen, dürfen wir vielleicht sagen: Fromm ist, wer fragt, wer erstaunt, wer die Geheimnisse nicht leugnet, sondern sich ihnen öffnet. Nur Menschen fragen, die die Antwort nicht haben. Für einen derart Frommen ist jeder blasphemisch, der die Antwort schon hat – wo Geheimnisse sind.

Es ist nicht blasphemisch zu sagen, dass in jedem Kind etwas Göttliches sei, das wir nicht näher bestimmen können; aber es ist blasphemisch zu sagen, dass ein bestimmtes Kind der Gott sei, an den wir uns ein für allemal zu halten haben. Es ist nicht blasphemisch zu sagen, dass dieses Unbestimmte und Geheimnisvolle im Menschen gekreuzigt wird, weil wir es in der technisch und wissenschaftlich bestimmten Welt nur schwer ertragen; aber es ist blasphemisch zu sagen, dass ein bestimmter Gekreuzigter der Gott und das Mysterium für uns alle sei. Es ist nicht blasphemisch mit Lessing zu sagen, dass die Wahrheit allein bei Gott liegt; aber es ist blasphemisch, diese Wahrheit in „geoffenbarten" Büchern besitzen zu wollen.

Für den Frommen ist somit der furor theologicus die eigentliche Blasphemie, sei er nun der eines christlichen, jüdischen oder mohammedanischen Fundamentalisten.

Er versteht sich darin mit dem kritischen Atheisten. Beide wissen, dass sie nicht wissen; aber sie leben je auf einen andern Glauben hin – nicht gesichert, sondern in der Offenheit des Fragens.

Blasphemie ist die Vertreibung dieser Offenheit und die Identifizierung irgend einer Antwort mit dem Wort Gottes. Die gesellschaftlichen Institutionen zur

Ausbreitung dieser Blasphemie nennen wir die Kirchen.

Langeweile als revolutionäres Selbstbewusstsein

Vor Monaten war ein Reporter-Team auf der Suche nach Menschen, die sich langweilen. Das Team interviewte zuerst einen Gefangenen, der schon einige Jahre sass und noch einige sitzen musste. Ja schwer sei es schon manchmal, sagte er. „Aber langweilen? – Nein, langweilen tue ich mich nie, weil ich immer etwas mit mir anzufangen weiss, zum Beispiel Lesen. Aber die andern – denen sieht man's an." – Danach befragte das Team eine Greisin in einem Altersheim. „Langweilen? – He wo! Ich weiss doch immer etwas mit mir anzufangen, zum Beispiel Häkeln; aber manchen sieht man es schon ein bisschen an." – Schliesslich fuhren sie in ein Paraplegikerzentrum und sprachen dort mit einem Kranken, der seit Jahren an den Rollstuhl gebunden ist. „Nein, langweilen tu ich mich nicht. Ich weiss eigentlich immer etwas mit mir anzufangen, zum Beispiel Basteln. Aber einigen sieht man's schon an."

In den Antworten spiegelt sich ein Stück moderner Denk-Geschichte. Seit es Kultur gibt, langweilen sich Menschen. Über Jahrhunderte geschah dies ohne Scham, naiv und in der Überzeugung, dass der Grund der Langeweile in einem Objekt liege. So langweilten sich etwa die Griechen über eine geistlose Rede oder eine witzlose Komödie, straften sie mit ihrem Hohn und ihrer Verachtung und wandten sich etwas Besserem zu.

Mit der Wende zur Subjektivität des Absoluten, die sich im 17. Jahrhundert vollzog, bekam Langeweile eine ganz andere Bedeutung. Man entdeckte, dass man sich über schlechte und gute Reden und Komödien langweilen kann, über Menschen, die Welt und Gott, kurz: über alles und nichts: „*Es* langweilt mich." Nun wurde der Grund der Langeweile nicht mehr im Manko eines Objekts gesucht, sondern in einer entscheidenden Leerheit des Subjekts, sei es die Leerheit der Seele an Glauben (Pascal), die Leerheit des Gemüts an Empfindungen (Kant), die Leerheit des Geistes an Ideen (Fichte), die Leerheit des Willens an Objekten (Schopenhauer) oder die Leerheit des Handelns an Zwecken und an Sinn. Langeweile schien nicht länger bloss ein fades, abgeschmacktes und überdrüssiges Gefühl zu sein, das auf die allein langweiligen Objekte reagierte, sondern ein substantielles Manko im Subjekt, das den Menschen zunehmend aushöhlt und zerstört. Voltaire nannte sie deshalb „unseren grössten Feind" und Alfred de Vigny „die grosse Krankheit des Lebens". Wer Langeweile empfand, schämte sich nun ihrer vor sich selbst und vor andern, falls er sie nicht als das Stigma einer genialen Indolenz verstand, das die Anwesenheit eines schon wieder metaphysischen Nichts bezeugte.

Mit dieser Scham über die Langeweile begann das Zeitalter der industria (der Leistung), der Geschäftigkeit (des Kapitalismus), der Unterhaltung (des Zeitvertreibs) und der Sensation (des Konsums des Interessanten). Produktion und Konsum überdeckten zunehmend in einer ins Gigantische wachsenden Verschleierungs-Organisation die Langeweile, ohne sie zu überwinden. Die Nichtigkeit maskierte sich mit dem Bürgergesicht von Fleiss und Wohlstand – und lebte sich nur umso grausamer in der Zerstörung der Umwelt und in der Unterdrückung von Menschen aus. Das Abendland wusste etwas mit sich anzufangen.

Nur eines wusste es nicht: die Langeweile für die Masse zu entdecken. Langeweile entsteht überall dort, wo die Beziehung zu etwas abgebrochen wird, mit dem man sich äusserlich doch abgeben muss. Die Natur wurde im technischen Zeitalter langweilig, weil unter der Vorherrschaft des Herstellbaren die Beziehung zu ihrer anderen Produktivität verloren ging, und nur weil diese verloren war, konnte die Natur als eine gleichgültige Sache beliebig ausgebeutet werden. Der Mensch wurde langweilig, weil durch die nicht solidarischen Produktions-Prozesse und den individuellen Genuss die Kommunikation mit ihm verloren ging, und nur weil diese verloren war, wurde es möglich, ihn zur blossen Arbeitskraft zu degradieren. Die Arbeit selber wurde langweilig, weil in ihr die Beziehung zum Zweck und zum Produkt verloren ging, und nur deshalb war es möglich, sie in sinnlose Mikroprozesse aufzuspalten, in der der Arbeitende auch noch die Beziehung zu sich selber verlor, sich also durch Arbeit von sich selber entfremdete. Die einmal diffamierte Langeweile wurde somit zugleich überdeckt und ins Pantheistische ausgeweitet. Das Rezept dafür aber war: durch Not und Geschäftigkeit, durch Genuss und Sensation das *Bewusstsein* der Langeweile zu verschleiern, aber doch ihre *Beziehungslosigkeit* als Grundlage des industriellen Zeitalters zur Herrschaft zu bringen. Das zweite war ohne das erste zu gefährlich. Das Bewusstsein der Langeweile registriert nämlich nicht nur die Umbesetzung unserer Beziehungen allein *auf* Zeit, so dass diese, in unserer Fixierung auf sie, lang wird, sondern es empfindet auch das Leiden am Verlust der Beziehungen *in* der Zeit. In diesem Leiden erleben wir Langeweile als Mangel, und so lange wir sie als Mangel erleben, wohnt in ihr die Schubkraft zur Überwindung: ihr revolutionäres Moment.

Langeweile kann deshalb ein revolutionäres Selbstbewusstsein werden, weil sie, im Unterschied zur Depression, offene Schlupflöcher zu jener anderen Zukunft hat, in der sie überwunden wird. Überwunden aber wird sie durch den Aufbau neuer Beziehungen, in denen der Mitmensch und die Natur nicht länger eine gleichgültige Sache sind, in der die Arbeit nicht ein sinnloses Herstellen ist und in der wir als Subjekte nicht auf die schlechteren Möglichkeiten verengt vegetieren. Sie ist offen zur echten Kultur. Vielleicht hat sie deshalb Goethe einmal „die Mutter der Musen" genannt. Durch ihren Leidensdruck wird sie die Windstille – kurz vor dem Aufbruch in ein anderes individuelles und gesellschaftliches Dasein. Wenn die Masse weiss, dass sie sich tief langweilt, wächst die Chance zu einer vernünftigeren Welt.

Die Nacktheit, die Scham und das Kleid

Herr Scherrer, der vermutlich oben ohne badet, wenn er es tut, hat die Dekadenz Berns entdeckt: Frauen taten es auch, und zwar in öffentlichen Bädern. Da die Frauen, biblisch bezeugt, nächst den Schlangen die eigentlichen Verführerinnen sind, holen sie nicht bloss etwas nach, was die Männer schon lange getan haben, sondern sie gehen ihnen einen Schritt voraus: sie reissen die „Schambarriere" nieder. Bald wird unweigerlich das letzte Kleidungsstück fallen, natürlich zuerst bei der Frau und dann beim Mann, und in der Folge wird es um den Glauben geschehen sein. Denn was kann man noch glauben, wenn nichts mehr verhüllt ist? Der Kampf für das Oberteil ist somit ein Kampf für das Oberste schlechthin: die Religion und die Moral. Wen wundert's, dass 15'000 mitstreiten?

Man möchte diesem kommenden Sieg der Demokratie mit einem Lächeln entgegensehen, wenn die Sache, um die es geht: die Nacktheit, die Scham und das Kleid, nicht tatsächlich der Ausgangspunkt unserer Kultur gewesen wären. Sie sind denn auch folgerichtig der Inhalt der ersten Geschichte, die wir im Abendland kennen: der Geschichte vom Sündenfall. Sie setzt die Verhältnisse von Nacktheit, Scham und Kleid so nuanciert, dass es lohnend bleibt, sich an ihr zu orientieren.

Gott schuf die Menschen bekanntlich nackt. Sie schämten sich vorerst dieser Nacktheit in keinerlei Hinsicht: weder vor sich selber, noch angesichts der übrigen Natur noch vor Gott. Ja sie merkten nicht einmal, dass sie nackt waren. In dieser naiven, unschuldigen, nicht entblössenden Nacktheit aber waren sie fraglos eins mit der Natur, mit sich selber und mit Gott — ein Stück Schöpfung ohne jeden Riss, beliebig frei bis auf *eine* Einschränkung: den Riss nicht selber in die Schöpfung zu tragen.

Eben dies aber geschah. Adam wurde von Eva zur Erkenntnis verführt. Die Erkenntnis war somit der „Sünde (des Ungehorsams) Sold"; aber zum Sold der Erkenntnis wurde die Scham. Denn erst jetzt, als Erkennende, gingen ihnen die Augen auf: sie entdeckten ihre Nacktheit und sie reagierten darauf mit dem Gefühl der Peinlichkeit. Peinlich war es nicht etwa, vor sich selber und vor dem Mitmenschen nackt zu sein, sondern vor Gott, dem Auge der Wahrheit. Durch die Erkenntnis waren die Menschen nämlich zur Differenz geworden zur übrigen Natur: Andere, und das hiess für sie: mehr als Natur-, eben Kultur-Wesen. „Blosse" Natur war fortan für sie das Niedere, das Noch-nicht-Kultur-Gewordene. Ihre eigene Nacktheit aber bezeugte, dass sie doch, durch alle kulturelle Veränderung hindurch, als Geschöpfe das unvollkommene Naturwesen geblieben waren. Die Scham vor Gott war somit das peinliche Selbstbewusstsein, in dieser Blösse von der Wahrheit ertappt zu werden. Dreifach ging nun der Riss durch ihr Dasein: als Riss in ihnen selber: denn sie wollten mehr sein als Natur und blieben doch Natur; als Riss im Verhältnis zur Natur: denn sie verachteten diese in ihrer Rohheit, und als Riss im Verhältnis zur Wahrheit: denn diese entblösste sie. Ja die Wahrheit selber wurde nun zwiespältig: es war die gleiche Erkenntnis, die den Menschen zu mehr machte als Natur und die ihn doch immer wieder dabei ertappte, bloss Natur zu sein.

In dieser Peinlichkeit des Ertapptwerdens erbarmte sich Gott der Menschen, nachdem er sie tüchtig verflucht hatte. Er gab ihnen das Kleid. Es war zugleich das signum der Trennung von aller übrigen Natur und der Schutz vor dem Ertapptwerden durch die Mitmenschen. Wenigstens vor ihnen die eigene Blösse verdecken können und nicht in Scham leben müssen – allein darin bestand die Barmherzigkeit. Vor dem Auge der Wahrheit blieben die Verhältnisse klar: der Mensch war aus Staub und zu Staub sollte er werden.

Die Geschichte vom Sündenfall erzählt also von zwei Formen der Nacktheit, die in ganz unterschiedlichem Verhältnis zur Scham und zum Kleid stehen. Die mythische Nacktheit liegt ausserhalb der Scham und will sich, ihrer selbst nicht bewusst, auch nicht verhüllen. Da ihr kein Kleid vorausgeht, erfährt sie sich nicht als Entblössung, sondern als Einssein mit der Natur. Die kulturelle Nacktheit dagegen erfährt sich, in der Scham, als peinliche Entblössung. Sie begehrt die Verhüllung, das Kleid, das ihr eigentlich vorausgeht. Die Möglichkeit des Einsseins mit der Natur hat sie verloren.

Haben die beiden Formen der Nacktheit sich also geschichtlich abgelöst? So erzählt es der Mythos. Aber ich vermute, dass wir beide zugleich kennen. Eben darin liegt das doppelte Verhalten der Menschen zur Nacktheit begründet. Je kulturgeprägter Situationen sind, desto grösser wird in ihnen das Verlangen nach dem Kleid sein. Es ist undenkbar, dass wir nackt ein Orchester dirigieren oder eine öffentliche Vorlesung halten. Wir wären tatsächlich in unserer Erbärmlichkeit ertappt. Je mythischer aber die Situationen sind, desto stärker wird uns die Sehnsucht befallen, die

Plackereien der Kultur abzulegen, unverhüllt und „unverschämt" mit der Natur vereint zu sein. Ein Kleid kann auch komisch und verlogen wirken.

Falls das stimmen sollte, wären zugleich die fanatischen Naturisten und die fanatischen Kulturisten in einem einseitigen Verhältnis der Nacktheit zum Kleid befangen. Die ersten werden kaum ihren Fanatismus zum Gesetz erheben wollen. Aber warum versuchen es die zweiten? Vielleicht liegt da noch einmal ein anderes, ein erweitertes Verhältnis der Nacktheit zur Scham vor. Sie schämen sich nicht bloss in gewissen Situationen ihrer Nacktheit vor Dritten, sondern sie schämen sich der Nacktheit des Menschen überhaupt, weil sie diese an die Erbärmlichkeit des Versagens ihres vertrackten Moralins erinnert. Sofern sie ihre Prüderie auch noch für Frömmigkeit ausgeben, möchte man ihnen raten: „Statt fromm reden, wieder mal die Genesis lesen."

Eine Bombe in Kaiseraugst

In der Abstimmung über die Atominitiative hat die Mehrheit der Abstimmenden auf ihr direktes Mitbestimmungsrecht bei der Bewilligung von A-Werken verzichtet, vielleicht in der Überzeugung, dass ihre Repräsentanten, der Bundesrat und die eidgenössischen Parlamentarier, in dieser schwierigen Frage zuständiger seien als das Volk selber. Eine relativ knappe Mehrheit hat eine Minderheit dahingehend majorisiert, dass keine bloss regionale Mehrheit eine nationale in der nuklearen Energieversorgung majorisieren darf. Der Entscheid ist ein Verzicht auf den direkten Föderalismus zugunsten des Zentralismus und vielleicht auch des Paternalismus. Er ist somit *kein* „gut schweizerischer" Entscheid.

Gerade das Argument der unzulässigen Majorisierung der nationalen Mehrheit durch eine regionale, das von Bundesrat Ritschard in einer etwas fraglichen Variante („Majorisierung der Mehrheit durch eine *Minderheit*") unablässig wiederholt worden ist, wurde kaum je durchdacht. Man hätte nämlich auch die Frage stellen müssen: „Ist es zumutbar und zulässig, dass eine nationale Mehrheit einer regionalen mögliche *Nachteile* aufzwingen darf?" Oder schärfer: „Darf eine Nation, in der Berufung auf ihre legitimen Interessen, eine Region zum möglichen Opfer machen?" Nun streiten sich bekanntlich die Experten darüber, ob der Betrieb von A-Werken im *Normalfall* Nachteile für eine Region habe und welche dies seien. Der Laie wird sich kaum ein Urteil zutrauen, wie auch nicht in der Frage, ob A-Werke überhaupt nötig seien. Aber über einen möglichen *Grenzfall* müsste man sich doch einig werden können: Sollte es einmal Krieg geben, dann wären die gebauten A-Werke mit höchster Wahrscheinlichkeit für die betreffenden Regionen Katastrophenherde grossen Ausmasses, nämlich gleichsam zum voraus eingepflanzte Bomben. Dies ist der durch kein Argument mehr abweisbare Grund, weshalb man sie auf keinen Fall in der Nähe von dicht besiedelten Gebieten bauen dürfte. Die Möglichkeit der schweren Schädigung ist zumindest so lange gegeben, als die Möglichkeit eines Krieges gegeben ist. Deshalb scheint mir der Bau eines A-Werkes ein *potentieller* Akt der Gefährdung und der Schädigung zu sein und damit ein klassischer Fall von *latenter* Gewalt. Ich halte jeden *Zwang* dazu für einen demokratisch vielleicht legalen, aber trotzdem illegitimen Akt.

Wenn ein Volk, wie dies in der Schweiz leider oft geschieht, freiwillig auf seine Mündigkeit verzichtet und eben damit sich vormacht, frei und mündig zu entscheiden, muss man auf die Klugheit seiner Repräsentanten hoffen. Sie besteht in der Nuklearfrage nicht allein darin, nur so viele A-Werke als unbedingt nötig zu bauen, sondern auch im klaren Entschluss, sie jenen Regionen nicht aufzuzwingen, die sich eindeutig für die Initiative ausgesprochen haben. Wer sie dort bewilligt, sät vermutlich die Gewalt, die er nicht ernten möchte.

So verstehe ich wenigstens jene Bombe, die in Kaiseraugst nach der Abstimmung den Propaganda-Pavillon des A-Werkes zerstört hat. Natürlich war dieser Anschlag ein illegaler Akt, der von den zuständigen Gerichten bestraft werden muss. Aber er war vielleicht nicht bloss eine kindische Reaktion schlechter

Verlierer; denn dazu war das politische Bewusstsein in dieser Region zu kritisch. Er war vielmehr ein Akt vor allem der propagandistischen Gewalt in zweifacher Hinsicht: eine Warnung an eine Gegen-Propaganda, die im Dienst bestimmter Interessen geschickt die möglichen Gefahren verschweigt und herunterspielt und damit eine Form der symbolischen Gewalt ist, und ein Zeichen für den Tag X, das signalisieren sollte, dass ein aufgezwungener Bau nicht tatenlos hingenommen werden wird.

Noch ist nicht sicher, dass das neue A-Gesetz die Hürde des Referendums nimmt. Sollte es abgelehnt werden, so bestünde erneut die Möglichkeit, dass die „Gesetze" der Marktwirtschaft darüber entscheiden, wo was gebaut wird. Dann freilich wäre ein politischer Zustand erreicht, in dem nun eine kleine Minderheit eine Mehrheit zwar nicht majorisiert, aber terrorisiert. Dann und nur dann hielte ich die Gewalt gegen *Sachen* im Kampf gegen die jeweilige Gewalt gegen die Personen einer ganzen Region für legitim, sofern sie nicht selber indirekt zu einer Gewalt gegen Personen wird. Rechtens wird sie in keinem Fall sein.

Man kann nur hoffen, dass die Parlamentarier den Ernst der Situation in gewissen Regionen nicht mit der Berufung auf die formale Rechtlichkeit übergehen. In Kaiseraugst ist eine kleine Bombe explodiert. Eine weit grössere tickt.

Ein Hauch von 33

Bundesrat Gnägi, der ehemalige Chef des EMD, und Hermann Wanner, der ehemalige Direktor der Zentralstelle für Gesamtverteidigung, haben noch vor ihrem Abschied den Kantonalen Erziehungsdirektoren einen Bericht zukommen lassen, in dem angeregt wird, die Landesverteidigung in den Lehrplänen der einzelnen Schulen zu verankern. Wehrunterricht ist auf der Stufe der Sekundarschulen, der Berufs- und Mittelschulen und besonders der Lehrerseminare vorgesehen. Ob auch die Hochschulen sich bereitfinden, spezielle Lehrveranstaltungen zu organisieren, und ob die Studierenden zu ihrem Besuch verpflichtet werden können, scheint der Arbeitsgruppe des Berichts „sehr fraglich" zu sein. Sollte das neue Studium generale durchführbar werden, wäre es auch nicht so neu. Ein Hauch von 33 — damals freilich an deutschen Universitäten.

Ziel der Anregung ist es, die Skepsis der Jugendlichen gegenüber der Armee abzubauen, so dass eine geschlossene Generation der Wehrwilligen heranwächst. Der Bericht betont, dass es dabei nicht um geistigen Taktschritt, um Indoktrination, gehe, sondern um eine Form der Propaganda für die Landesverteidigung, die primär Information sei: eine Ergänzung des bisherigen Geschichtsunterrichts und der Staatskunde. Die Frage bleibt freilich offen, warum denn da die Geschichte als Wissenschaft nicht genügt — denn sie gibt doch die Information und deren Deutung. Warum *zusätzliche* Propaganda, die doch Information sein soll?

Mir scheint, dass der Bericht mit einigen Wörtern nicht ehrlich umgeht. Information ist nicht Propaganda — aber Propaganda ist immer eine Form der Indoktrination.

Reine Information wäre die Nachricht von den Sachverhalten und die diskutierende Deutung ihrer Zusammenhänge. Sie ist ein schwer erreichbares Ideal; denn bereits in die Auswahl der Informationen, in ihre sprachliche Aufbereitung und in ihre Verknüpfung fliessen ständig Interessen und Zielvorstellungen ein, die nicht mehr bloss an facts orientiert sind. Eine derart „verunreinigte" Information ist trotzdem so lange legitim, als sie andere Information und andere Deutungsversuche nicht prinzipiell ausschliesst. In dieser Offenheit bewährt sich zumindest die *Absicht* zu informieren, was immer dann an der *Durchführung* im einzelnen scheitern mag.

Demgegenüber mag Propaganda noch mit Informationen arbeiten — aber ihre Grundintention ist nicht mehr die umfassende Orientierung, sondern die Schaffung und Fixierung von bestimmten Einstellungen und Zielen. Sie sucht bewusst jene Informationen, die für ihre Ziele sprechen. Sie ist selektiv aus Prinzip — und dies auch in der Deutung möglicher Zusammenhänge. Zwar gibt es Propaganda, die nicht direkt lügt (Fakten verfälscht); aber es gibt keine, die nicht verschweigt, und zwar bewusst verschweigt. Propaganda lügt insofern indirekt — nämlich mit der Wahrheit. Durch Selektion, Aufbereitung und Deutung entwirft sie ein erwünschtes, partikulares Bild der „Wahrheit" und gibt es als das umfassende aus. Wo sie sich kritisch gebärdet, ist sie nie ganz redlich; denn sie will Kritik nur innerhalb erwünschter Grenzen. Sie dreht das Gegenargument zur eigenen Bestätigung zurecht. Sie ist auch als Kritik Sophismus.

Mag sein, dass hierin die Indoktrination noch einen Schritt weiter geht. Sie wird affirmativ totalitär und verschliesst sich damit aller Kritik. Aber letztlich ist die Differenz zur Propaganda gering. Diese ist vielleicht nur die elegantere Form der Indoktrination: Beeinflussung und Lenkung (und damit ein Stück Machtpolitik) durch ein geringeres Mass an symbolischer Gewalt.

Der quasi-totalitäre Charakter des ganzen Versuchs wird sich notwendigerweise an der Gestalt des Lehrers ausleben. Solange es nämlich wirklich um Information und nicht um Indoktrination ginge, müssten auch im Unterricht über Landesverteidigung Lehrer tragbar sein, die selber den Glauben an die Friedenssicherung durch Armeen entweder verloren haben – oder die eine derartige Friedenssicherung aus ethischen Gründen ablehnen. Die Auflage an sie bestünde nur darin, ihr „Vorurteil" in der Darlegung der Fakten zu suspendieren und ihr Urteil in der Deutung der Zusammenhänge bloss als ein Moment der Diskussion in die Waagschale zu legen. Eben dadurch ermöglichen auch sie eine freie Meinungsbildung.

Das aber wird mit Sicherheit nicht gewünscht. Vielmehr sucht man Lehrer von *einer* Grundeinstellung zur Armee und zur Landesverteidigung. Das bedeutet nichts anderes, als dass Geschichtslehrer hinfort ein militär-politisches Credo ablegen müssen, um in ihrem Fachbereich arbeiten zu können. Es wird vermutlich etwa lauten: „Ich glaube an die ständige Bedrohung der Schweiz durch fremde Mächte und an die Sicherung von Frieden und Freiheit des Landes durch die Armee." Man wird daraus nicht einen neuen Beamteneid machen, aber man wird die gewünschte Beamten-Mentalität auf diesen Nenner bringen, und man wird sie durch Gesinnungsschnüffelei und durch Verletzung der Menschenrechte überprüfen. Denn wie anders sollte man sich der Loyalität noch versichern? Hier liegt der vergewaltigende Charakter des ganzen Unternehmens. Es liefert die Lehrerschaft an die Militärpolitiker aus, um über ihre Kontrolle die neue Generation in den Griff zu bekommen. Der Verrat wird dann noch einmal an den Schülern vollzogen.

Wenn Schulung, auch historische, überhaupt ein Ethos haben soll, dann dadurch, dass sie beharrlich ein sich frei orientierendes Denken in der jüngeren Generation fördert. Propaganda ist in jeder Form ein Feind dieses Ethos. Es mag sein, dass hin und wieder Lehrer die gegenteilige Propaganda betreiben. Das berechtigt den Staat noch nicht, den Unterricht als Institut der Propaganda zu missbrauchen. Man sollte nicht, scheinbar im Interesse der Landesverteidigung, ein System aufbauen, für das es sich nicht mehr zu kämpfen lohnt.

Das landesübliche Mass an Kritik

Landesväter haben das mit gewöhnlichen Menschen gemein, dass sie in ihrer Arbeit hin und wieder Fehler machen; sie sind aber dadurch von den gewöhnlichen Menschen getrennt, dass ihre Irrtümer und Fehler im Interesse der Betroffenen öffentlich kritisiert werden *müssen*. Als politisch Handelnde mit höchster Repräsentanz haben sie kein Recht auf Verschonung. Die Übernahme ihres Amtes schliesst, so scheint mir, diesen Verzicht in sich. Das ist der Grund, weshalb kein vernünftiger Mensch sie um ihr Amt beneidet und keiner sie in ihrem Versagen bedauert.

Nun gibt es Irrtümer und Fehler, die oft kaum zu vermeiden und dadurch beinahe verzeihlich sind, und solche, die nur noch blamabel wirken, am blamabelsten vielleicht, wenn sie nicht mehr die Irrtümer eines Einzelnen, sondern die einer ganzen Behörde sind.

Einen solchen blamablen Fehler schien mir die Gesamtbehörde zu begehen, als sie die Sozialdemokratische Partei der Schweiz wegen ihres „Schwarzbuches EMD" dahingehend massregelte, dass sie „das landesübliche Mass an Kritik" überschritten habe. Da der Bundesrat in corpore diesen Mahnfinger erhob, musste man annehmen, er kenne oder bestimme dieses Mass und er sei auch befugt, über seine Einhaltung zu wachen. Umso erstaunter war man, als auf eine einfache parlamentarische Anfrage hin, wer in der Schweiz dieses Mass bestimme, für wen es gelte und wie der Bundesrat seine Einhaltung durchzusetzen gedenke, die Antwort erteilt wurde: „Was in unserem Lande an Kritik üblich ist, lässt sich für jedermann aus dem politischen Alltag erkennen. Es gibt in der Schweiz keine politische Instanz, die verbindlich das zulässige Mass an Kritik zu bestimmen hat. Die Einhaltung der in unserem Lande üblichen Grenzen der Kritik ist Sache der Beteiligten selbst."

Damit wurde zur ersten Blamage nur eine zweite hinzugefügt. Denn woher nimmt eine Instanz sich das Recht zu jener Rüge, wenn sie weder das Mass an Kritik zu bestimmen hat noch befugt ist, die Einhaltung jenes Masses, das offenbar der spiritus mysticus des Volkes gegeben hat, durchzusetzen? Hätte man einfach geantwortet: „Wir waren verärgert" oder auch: „Wir wollten einem Kollegen gegenüber solidarisch sein, um ihm einen ehrenvollen Abgang zu ermöglichen", so wäre das zwar keine politische Argumentation gewesen, aber ein menschlich sympathisches Eingeständnis. Man hat statt dessen eine logisch und politisch äusserst zwiespältige Deklaration gewählt, die offenbar zwei Dinge auf einmal erreichen sollte: Die Liberalität der Demokratie sollte öffentlich gewahrt, aber der Gebrauch von dieser Liberalität durch die Bürger zugleich eingeschränkt werden. Man sprach letztlich den Wunsch nach einer Kritik aus, die ein gewisses Mass an Zensur verinnerlicht hat, den Wunsch also nach jenem „landesüblichen Mass an Kritik", das zugleich das landesübliche Mass an Selbstzensur ist. Man reklamierte damit eine Demokratie als Schon-System der Herrschenden.

Nun ist ein derartiger Wunsch jeder Regierung an die Adresse der Kritik an sich verständlich. Es gehört nämlich zum Wesen der politischen Kritik, dass sie nicht allein im Namen der Wahrheit spricht (das wäre eine philosophische Kritik), sondern dass sie zugleich ein Instrument der Macht ist, das eine Verschiebung der politischen Kräfteverhältnisse bewirken will. Eine derartige Kritik ist so lange legitim, als sie, im Erstreben von Macht, die Wahrheit nicht verletzt, es sei denn durch einen Irrtum, den der Kritisierte in einer Replik aufdecken müsste. Politische Kritik ist deshalb auf sachliche und personale Veränderung angelegt. Das macht sie für alle Politiker gefährlich: sie kann ihren Autoritäts-Zerfall bewirken.

Denn alle politische Autorität, als nicht angemasste, sondern als von den Betroffenen zugesprochene Autorität, steht ständig unter einem Legitimationsdruck. Sie wird einem Politiker so lange zugesprochen, als sich seine Entscheide als sachgerecht und seine gesamte Persönlichkeit als integer für eine Überzahl erweisen. Zeigen sich zu schwere Irrtümer und Fehler und werden diese durch Kritik in der Öffentlichkeit bewusst, dann zerfällt seine Autorität. Die Kritik kann somit bewirken, dass eine politische Gestalt nicht länger für eine Autorität gehalten wird. Es wäre dann für das politische Klima eines Landes besser, wenn der so Angeschlagene sich aus dem Amt zurückzöge. Wir kennen hierzulande diese Tugend nicht.

Was aber, wenn eine ganze Behörde für alle Entscheide verantwortlich ist? Die Gefahr besteht dann, dass der Zerfall ihrer Kollektiv-Autorität durch Kritik zum Bewusstsein kommt. Deshalb wird jedes regierende Kollektiv drei Strategien entwickeln: Es wird 1. versuchen, den Autoritätszerfall eines seiner Mitglieder dadurch aufzuhalten, dass es z.B. bei sachlichen Fehlern auf die Integrität der Person verweist (oder auch umgekehrt); es wird 2. versuchen, die angeschlagene Autorität eines Mitglieds durch die noch intakte Autorität der anderen Mitglieder wieder aufzuladen, und es wird 3. versuchen, die aufgenommene Kritik so einzuschränken, dass sie weder den Autoritätszerfall eines Mitgliedes ganz bewirkt noch auf die Autorität der anderen Mitglieder übergreift. Genau dann, fürchte ich, ist das „landesübliche Mass an Kritik" gefunden. Es ist jenes Mass, das die landesübliche personale Folgelosigkeit der Kritik noch garantiert.

Keine Regierung der Welt wird eine starke Oppositions-Partei auf dieses Mass verpflichten können; aber eine grosse Koalition hat dann gute Chancen, wenn die Parteien sich das Prinzip der Kollegialität ihrer Regierungsvertreter zu eigen machen und wenn die Massenmedien die Zensur als Milde verinnerlichen. Was sich dann in einem Land als Stabilität präsentiert, ist um den Preis erkauft, dass die Freiheit des Wortes bedroht und die Konsequenz des politischen Handelns verharmlost wird – beides letztlich zum Schutz der Unfähigkeit, der auch kein Amt Autorität verschaffen dürfte.

Kommt der private Staat?

Der Fall Bachmann ist nicht der erste Skandal, in dem das Parlament oder einzelne Parlamentarier durch Männer der Verwaltung öffentlich irregeführt und belogen worden sind. Erstaunlich ist nicht das Faktum der Lüge in der Politik; erstaunlich ist der laue Kampf gewisser parlamentarischer Kreise gegen die entdeckten Lügner. Was gibt es eigentlich für Gründe, die Untersuchung gegen sie nicht öffentlich zu führen, nachdem man in der Öffentlichkeit doch weiss, *dass* sie gelogen haben, und *worin* ihre Lüge bestanden hat? Wen oder was schützt man *hinter* diesen Männern, die sich doch selber schon diskreditiert haben? Im neuesten Fall offenbar die Verbindung des Öffentlichen mit dem Privaten im Geheimdienst der Armee und damit die Verquickung privater Interessen mit den Interessen der Öffentlichkeit in dieser Institution. Eines ist es, substantielle Geheimnisse, ohne die anscheinend kein moderner Staat und sicher keine Armee mehr auskommt, nicht an die Öffentlichkeit zu bringen. Niemand verlangt eine Generalbeichte über die Struktur und die Arbeitsweise des militärischen Geheimdienstes. Das Wissen, dass es ihn gibt, wird der Öffentlichkeit so lange genügen, als sie ein Vertrauen in seine nicht öffentliche politische Kontrolle hat. Aber ein anderes ist es, private Geldgeber und damit Einflussnehmer nicht öffentlich zu nennen. Denn ihr Name und ihre Summen sind nicht substantielle Geheimnisse des Staats, durch deren Preisgabe der Öffentlichkeit ein Schaden erwachsen könnte, sondern Belege zwielichtiger, letztlich gegen das öffentliche Wohl gerichteter Verflechtungen, von denen her ein Misstrauen auf die Armee und den ganzen Staat fällt. Eine politisch beschämende Verkehrung ist eingetreten, wenn die fehlbare Exekutive durch eine eigene Gerichtsbarkeit, aufgrund eines machiavellistischen Geheimnis-Begriffs, die Aufklärung derartiger Missstände auch noch durch Strafandrohung blockieren darf. Das ist nicht allzu weit entfernt von der Verwaltungs-Diktatur.

Gegen die Verstaatlichung des Privaten wird in der Schweiz mit ziemlicher Unerschrockenheit gekämpft, oft am richtigen und oft am falschen Ort. Gegen die Privatisierung des Staates kämpfen viele Politiker mit halbem Herzen, und das ganz besonders, wenn die Privatisierung mit einer Militarisierung der Demokratie verbunden ist. Durch diese Privatisierung aber wird, im Wortsinn, der Bürger wirklich einer Sache beraubt, nämlich des Staats, und das auch dann noch, wenn es im Namen eines staatlichen Dienstleistungs-Betriebs geschieht.

Herr Cincera hat uns den privaten Staatsschutz gebracht, Herr Bachmann den halb-privaten militärischen Geheimdienst. Wer bringt uns den privaten Staat? Wenn das Parlament im Fall Bachmann nicht durchgreift, dann haben wir ihn schon. Und damit den Niedergang der Demokratie.

Auch eine Art der Korruption

In der Schweiz gibt es bekanntlich Gemeinden, die mit sehr reichen Bürgern — gelegentlich auch mit juristischen Personen — Steuerabkommen schliessen. Das pflegt etwa wie folgt vor sich zu gehen: Ein Herr lässt die Gemeindebehörden eines Tages wissen, dass er nicht ungeneigt wäre, sich in der Gemeinde niederzulassen, falls man die Steuerangelegenheiten durch eine „angemessene" Pauschale regeln könnte. Das ist natürlich keine Erpressung, sondern ein Angebot — ein liberales: C'est à prendre ou à laisser." Der Nachsatz braucht nicht ausgesprochen zu werden; er hört sich mit: „Wenn nicht, dann eben nicht."

Die Behörde steht nun vor dem Dilemma, entweder um des allgemeinen Rechtes und der Integrität willen auf ziemlich viel Geld zu verzichten — oder, unter der Beugung dieses Rechts, für die Gemeinde das Geld anzunehmen. Wählt sie den zweiten Weg, wird sie dem Rechtsbruch durch ein Abkommen den Anschein der Rechtlichkeit zurückgeben. Und da ja alles zum Wohl der Gemeinde geschieht, bleibt die Welt sauber: von Korruption keine Spur.

Der Handel trägt indes alle Merkmale der Korruption: Er wird in einem Milieu der Heimlichkeit abgeschlossen und bleibt zumindest so geheim, wie es die Steuerangelegenheiten einer Gemeinde eben sind — meist aber ein wenig geheimer. Er tauscht gegenseitige Vorteile aus: der Korrumpeur, der reiche Mann, kauft sich mit ihm von einem Teil der Steuerlasten frei; der Korrumpierte, die Gemeinde, macht dabei einen „Gewinn", der ihr sonst entgehen könnte. Die einzige Differenz zur Beamten-Bestechung liegt darin, dass der „Vorteil" nicht einem Einzelnen zufällt, sondern dem Kollektiv der Gemeinde. Freilich auch das durch den Bruch einer übergeordneten Norm, nämlich des Verfassungs-Grundsatzes, dass alle Menschen vor dem Gesetz, und das heisst doch wohl: auch vor dem Steuergesetz, gleich sind. Deshalb bezahlt die umfassendere Allgemeinheit die Zeche: Die Norm, die ihr Gemeinwohl schützt, wird für einen Auserwählten ausser kraft gesetzt, zulasten der Allgemeinheit. Das ist der Grund, weshalb jener Handel, auch in seiner Semi-Legalität, ein Akt der Korruption bleibt.

In solchen Fällen scheint mir eine Spielart der Korruption vorzuliegen, die wenig beachtet ist: Es gibt nicht nur Korruption *im* Gemeinwesen durch ungetreue Beamte, sondern auch Korruption *des* Gemeinwesens durch eine äusserlich getreue Behörde. Von dieser Korruption müsste man u.a. dann sprechen, wenn unter dem Schutz gegebener Normen oder eingesessener Gewohnheiten die Repräsentanten des Volks, im Namen des Volks, Korruptions-Akte ausführen dürfen. Das ist keineswegs die einzig mögliche Form von Korruption *des* Gemeinwesens, aber eine hierzulande rechtens praktizierte.

Der gewöhnlichen Beamten-Korruption kann man, wenn man ihre Bedingungen erkannt hat, einigermassen beikommen: Das Klima der Heimlichkeit ist durch Kontrolle der Politiker und Beamten, durch Publizität der Politik und Transparenz der Verwaltung aufhellbar. Die Machtmonopole lassen sich durch Aufteilung der Entscheidungs-Kompetenzen abbauen. Die Korruptions-Anreize können mit einem geeigneten Strafrecht verringert werden, durch das die

Korruptions-Kosten in jedem Fall höher sind als die Korruptions-Gewinne. – Aber was lässt sich noch tun, wenn die Gesamtheit durch ihre Vertreter „legal" korrupt handelt?

Vielleicht könnte hier nur ein Verfassungsgericht Ordnung schaffen, das Gesetze, Verordnungen und üblich gewordene Praktiken (ungeschriebene Gewohnheitsnormen) daraufhin überprüft, ob in ihnen ein verfassungsmässiges Grundrecht verletzt wird. Es könnte die verfassungswidrigen Praktiken und Privilegien aufheben und dadurch die Behörden aus ihrem Dilemma befreien, Vorteile gegen das Recht einkaufen zu müssen. Um ein föderalistisches Recht kann es ja hier auch nicht gehen; denn die Autonomie im Föderalismus muss an der Verfassung ihre Grenze haben – wenn es überhaupt noch einen Staat geben soll.

Bei näherem Zusehen ist übrigens der Vorteil der Gemeinde in solchen Händeln an einem kleinen Ort. Denn in ihnen wird das Grundverhältnis zwischen einzelnem Bürger und Gemeinwesen umgekehrt. Der wohlhabende Korrumpeur sucht sich eine Gemeinde als Dienerin seiner privaten Vorteile. Er setzt ihr *sein* Mass und privatisiert sie darin. Als Dienerin wird er sie fortan behandeln – mag dies auch in vornehmer Distanz geschehen, ja mit der gelegentlichen Attitüde eines Mäzens.

Es bleibt das „Verrückte" und Empörende dieses Handels: Ein schon reichlich Privilegierter erkauft sich von der Gemeinde neue Privilegien, allein dadurch, dass er bloss einen Teil dessen gibt, was er ihr schuldet. Die Gemeinde aber fühlt sich zu Dank verpflichtet, als erhielte sie ein Geschenk. Die legalisierte Steuerhinterziehung wird als Wohltat an der Allgemeinheit ausgelegt. – Für alle weniger oder nicht Privilegierten aber gilt die härtere Norm.

Wen wundert's, dass einige auf den Gedanken kommen, unsere Demokratie sei durch eine Oligarchie unterwandert.

Die Logik der Beamten des Nichts
Gedanken zu den „Schweizermachern"

Das logische Problem, vor das der Schweizermacher gestellt ist, bringt ihn in Schwierigkeiten: Er muss eine unbestimmte Anzahl von Menschen, die er „Schweizer" nennt, zur Einheit bringen, um sie von einer weit grösseren Klasse, die er „Ausländer" nennt, wiedererkennbar abzuheben.

Nun sind aber diejenigen, die er „Schweizer" nennt, Individuen und ganz verschieden: die einen weiblichen, die anderen männlichen Geschlechts, die einen erwachsen, die anderen Kinder; die meisten weiss-, einige aber braun- und andere schwarzhäutig; die einen jüdisch, die anderen reformiert, die dritten katholisch und noch andere buddhistisch, und ganz verschiedene Sprachen sprechen sie überdem. Wie soll er sie also zur Einheit bringen?

Der einfachste Weg wäre natürlich zu sagen: „Alle diese Individuen, die ich 'Schweizer' nenne, sind zwar in vielem verschieden; aber in *einem* Punkt sind sie wesensgleich: sie alle sind Menschen." – Wollte ein Schweizermacher so human vorgehen, so würde er auf der Stelle arbeitslos; denn seine Humanität brächte ihn um die spezifische Differenz zwischen denen, die er „Schweizer", und denen, die er „Ausländer" nennt. Er könnte sie nicht mehr unterscheiden.

Als nächste Möglichkeit bliebe ihm zu sagen: „Schweizer und Ausländer sind zwar darin gleich, dass sie Menschen sind; aber eine alle betreffende Differenz liegt darin, dass sie ihre bürgerliche Identität mit verschiedenen Papieren ausweisen. Schweizer und

Ausländer sind getrennt durch einen Ausweis." — Wollte der Schweizermacher diese einzig objektive Position einnehmen, so wäre er zwar nicht ganz arbeitslos, aber sein Metier wäre banal. Es bestünde im Auswechseln von Papieren, also in einem bürokratischen Akt. Das ist indes jedem Schweizermacher offensichtlich zu wenig.

Um seinem Amt die nötige Würde zu geben, wählt er eine Logik der Unterschleichung. Er sagt sich, und das ist richtig: „Schweizer-Sein ist offenbar nicht ein *Begriff*, der durch ganz bestimmte Prädikate abgegrenzt wäre, sondern" — und hier macht er den salto mortale — „Schweizer-Sein ist ein *Inbegriff* bestimmter Qualitäten, die nur der erkennen kann, der sie hat: der Schweizer selber. Schweizer-Sein, das heisst vaterlandsliebend, wehrbereit, gottesfürchtig, kapitalverbunden, normal, staatstreu, familienliebend, kerngesund, bodenständig und sparsam sein." Der Ausländer aber ist, als Nicht-Schweizer, die Differenz zu all dem.

Streng genommen, könnte die Differenz immer noch bedeuten, dass der Ausländer all dies in einem höheren Ausmass ist als der Schweizer. Aber diese Möglichkeit liegt ausserhalb der Logik des Schweizermachers. So wie er das Schweizer-Sein als Inbegriff von Qualitäten positiviert, so negativiert er das Ausländer-Sein, als Inbegriff des Un-Schweizerischen, zum qualitätsarmen Dasein. Ausländer-Sein heisst beinahe vaterlandslos, glaubenslos, mittellos, krank, sozialistisch, staatsfeindlich, kinderlos und anormal sein.

Wenn nun aber die Differenz total wäre, so bliebe der Schweizermacher wieder arbeitslos. Zwischen denen, die er „Ausländer" nennt, und denen, die er „Schweizer" nennt, könnte es nämlich keine Brücke mehr geben: man könnte also keine Schweizer „machen". Deshalb entschliesst er sich nicht zu einem Entweder–Oder: zu einer Logik des ausgeschlossenen Dritten, sondern zur Möglichkeit, dass das Getrennte doch ähnlich sein kann. Nur wenn es das Dritte gibt: das Ausländer-Sein, das des Schweizer-Seins würdig wäre, wird sein Beruf ernst; denn jetzt muss untersucht werden, ob diese Ähnlichkeit besteht. Wenn sie aber besteht, dann muss sich noch zeigen, ob auch ein Prozess der Integration und Assimilation stattfindet.

Der bloss dem Schweizer ähnliche Ausländer ist dann assimiliert, wenn er, inmitten von Schweizern, sich von diesen in nichts mehr unterscheidet auf die Qualitäten hin. Der Ausländer darf also Schweizer werden, wenn seine Dissidenz ganz vernichtet ist. Um dessen aber sicher zu sein, setzt nun die pflichtgemässe Schnüffelei an. Der Schweizermacher wird zum Experten für alles: für Treue, Sexualität, Religion, Bildung, Demokratie, Wohnqualität und Geisteskrankheit. Bespitzelung und Überheblichkeit, Voyeurtum und Moralismus, Beamtengnadentum und Kleinbürgerrache, Prophetentum und Ressentiment werden zur Methode. Sie sind nicht Abgleitung debiler Beamter, sondern Konsequenzen einer Logik.

Diese Logik hat freilich ihre Stütze in der Psychologie der Schweizermacher. Da Schweizermacher zur qualitativen Differenzierung von Menschen verdammt sind, geben sie der alten Versuchung der Pharisäer nach: Der Dankbarkeit, nicht zu sein wie die anderen. Gegen Nicht-Schweizer repräsentieren sie dann, zuweilen streng, zuweilen freundlich, das höhere Menschentum. Sie reinkarnieren den Inbegriff der humanen Qualitäten. Darin aber fühlen sie sich nicht allein zur anderen Qualität erhöht, sondern zum Experten über alles und zum Richter über die Anderen. Ja, da es keinen Anspruch auf Einbürgerung gibt, rücken sie in eine gottähnliche Position: als „Richter" scheiden sie die Böcke von den Schafen und lassen jene ihrer Gnade teilhaftig werden, die sie „verdienen".

Zweifellos ist all das mit einem Schauder der Macht verbunden: denn hier wird Menschenselektion betrieben – wenn auch nur vor den Toren des vermeintlichen Paradieses. Wo man sich aber für eine Aufnahme qualifizieren muss, da gibt es auch die Abweisung, mit all den möglichen Konsequenzen. In der Kompetenz zur Abweisung, zur Verneinung, aber gründet die Macht. Menschenselekteure, auch die bravbürgerlichen, sind deshalb Beamte des Nichts.

Es gibt nur einen Grund, sie nicht der Verachtung auszusetzen. Sie sind auch die Beamten eines Staates, der diese Verfahren will. Ihre Logik und Psychologie ist möglich auf dem soziologischen Hintergrund einer bestimmten Gesellschaft.

Soziologisch gesehen aber ist der heutige Einbürgerungsritus nichts anderes als das Syndrom einer Gesellschaft, die eine Nation sein will, ohne eine zu sein. Als Nationen bezeichnen wir Populationen, die durch gemeinsame Sprache, gemeinsame Kultur, gemeinsame Religion oder gemeinsame Stammes-Herkunft geeint sind. Der Schweiz fehlt jedes dieser integrierenden Momente: sie ist vielsprachig, vielstämmig, mehrkonfessionell, polykulturell – geeint durch nichts als durch eine gemeinsame Verfassung. Sie hat die Eigenart, keine Eigenart zu haben. Eben darin – ein Volk und ein Bund von Staaten zu sein, jenseits der nationalen Enge – liegt ihre Chance, die der Schweizer als Chance seit jeher verleugnet. Statt die modellhafte Weltoffenheit zu bejahen, flüchtet er in einen Nationalismus, der, weil er keine Realität zur Basis hat, nur noch als Mystifikation bezeichnet werden kann: als eine Art des falschen Bewusstseins und der kolportierten Ideologie, die, wie jeder Nationalismus, Fremdenhass und Menschenverachtung mit Methode erzeugt. Weil ein Volk den Mut zur Nichtidentität nicht hat, wird es zum Pharisäer der Welt.

Der Schweizermacher hat seine Logik nicht erfunden, den Stoff zu seiner Psychologie sich nicht selber gegeben und das nationalistische Syndrom auch nicht geschaffen. Er ist das Opfer einer Gesellschaft, das von Amtes wegen Opfer schafft und sich deswegen nicht als Opfer erkennt: ein kleiner Henker ohne dessen Scham.

Die Entdeckung der Verfassungsfeinde

Seit der Terrorismus in einigen Ländern Europas sich gezielt gegen Repräsentanten der Macht zu richten begann, ist durch diese ein neuer Feind der Demokratie entdeckt worden: der Verfassungsfeind. Da dieses Wort vorerst rechtlich nicht definiert war, diente es weitgehend als politisches Kampfmittel, um den mehr oder weniger radikalen politischen Gegner zu diffamieren. Seit einiger Zeit kann man aber in verschiedenen Ländern eine Verrechtlichung des Begriffs feststellen, ohne dass er eine klare rechtliche Kategorie geworden wäre. Diese Entwicklung ist sehr gefährlich. Sie führte bereits zu Verordnungen, Erlassen und Rechts-Praktiken, die dem politischen Gegner zunehmend die Rechtsgleichheit verweigern. Da man den Begriff weniger leicht wieder aus dem Umlauf nehmen kann, als man ihn in die Welt setzen konnte, scheint es mir wichtig zu sein, dass er klar definiert wird. Erst anhand dieser Definition kann dann die Frage entschieden werden, ob und in welchem Ausmass der damit Bezeichnete eine neue Kategorie des Straftäters ist.

Verfassungsfeindlich in einem *essentiellen* und nahezu abstrakten Sinn wäre eine politische Lehre, die *jede* normierende Ordnung des gesellschaftlichen Lebens durch den Staat verwirft. Eine solche Lehre könnte man als negativen Anarchismus bezeichnen. Er sieht in jeder Form von Staat und Institution, von Macht und Autorität, von Zwang und Befehl die Unterdrückung der Freiheit, und er glaubt, diese allein in den spontanen Akten einer strukturell ungebundenen

Gemeinschaft verwirklichen zu können. Im Verhältnis zu allen bestehenden Verfassungen und Staaten kann er in der Konsequenz nur als Zerstörer auftreten, der den Hinderer aller Freiheit zufall bringen muss, um die Voraussetzung der Freiheit zu schaffen. Er fällt dadurch in die für ihn nicht lösbare Paradoxie, dass er, obwohl er in der Zielsetzung gegen Zwang und Gewalt ist, doch theoretisch die Gewalt als Mittel zur Freiheit bejahen und praktisch sie auch ausüben muss.

Soll man diesen negativen Anarchisten zu einer besonderen Kategorie des Straftäters machen? Solange er bloss ein Theoretiker ist, sollte auch ihm der Staat die Freiheit der Rede vollumfänglich gewähren. Er kommt damit nur einem Grundrecht nach, das er als liberaler Staat allen Bürgern garantiert. Sofern er aber praktischer Anarchist wird, sind seine Straftaten im herkömmlichen Recht bereits definiert. Das ist auch dort der Fall, wo er sich auf der Schneide zwischen Theorie und Praxis aufhält, wo also seine Rede nicht mehr Theorie bleibt, sondern im agitatorischen Aufruf zur Gewalt selber eine Form des politischen Handelns ist. Es scheint mir deshalb nicht nötig zu sein, den essentiellen Verfassungsfeind als besonderen Straftäter zu definieren und ihm besondere Strafen oder Strafmasse anzudrohen.

Von diesem essentiellen Verfassungsfeind sollte man den *occasionellen* unterscheiden. Er ist nicht mehr gegen jede Verfassung überhaupt, sondern gegen eine bestimmte Verfassung, in der Hoffnung, eine andere, die er für die bessere hält, an ihre Stelle zu setzen. – Aber ist er wirklich noch ein Verfassungsfeind? Von den *Inhalten* her, die er für die neue Verfassung will, könnte man dies nur sagen, wenn es schlechthin geheiligte Verfassungsinhalte gäbe, die keiner Reform und keiner Veränderung unterzogen werden dürfen. Diese inhaltliche Bestimmung des Verfassungsfeindes setzt eine totalitäre Verfassungsideologie voraus, die es in demokratischen Staaten gar nicht geben dürfte. Denn Verfassungen demokratischer Staaten sind dadurch gekennzeichnet, dass ihre Inhalte auf verfassungsrechtlichen Wegen geändert werden dürfen und müssen, wenn die erforderliche Mehrheit der Bürger es wünscht. Andernfalls könnten alle, die für eine Verfassungsreform eintreten, sei es eine partielle oder totale, zu Verfassungsfeinden abgestempelt werden. Der occasionelle Verfassungsfeind kann deshalb in einem demokratischen Staat allein von den *Methoden* des Veränderns her definiert werden. Danach wäre jeder Bürger ein occasioneller Verfassungsfeind, der die Verfassungsänderung grundsätzlich mit verfassungsfeindlichen Mitteln durchsetzen will und durchsetzt. Konkret bedeutet das, dass ein Bürger durch sein Bekenntnis zu einer antikapitalistischen Wirtschaftsordnung noch kein Verfassungsfeind ist, dass er aber einer wird, wenn sein Kampf für die neue Ordnung die verfassungsrechtlichen Methoden grundsätzlich missachtet. Auch seine Straftaten sind bereits in rechtlichen Normen erfasst, so dass die rechtliche Kategorie des Verfassungsfeindes völlig überflüssig zu sein scheint.

Die Entdeckung der Verfassungsfeinde hatte indes eine rechtsstaatliche Paradoxie zur Folge. Die von Feinden bedrohte oder angegriffene Verfassung musste nun eigens geschützt werden. Man erfand den Verfassungsschutz und die Verfassungsschützer, eine Institution und einen Beruf, die für die Erhaltung der Verfassungsinhalte auch mit nicht verfassungsgemässen Methoden kämpfen. Darin aber liegt gerade das Kriterium des occasionellen Verfassungsfeindes. Somit ist der Rechtsstaat, in der Sorge um die Sicherung seiner Verfassungsinhalte, zuweilen selber zum Verfassungsfeind geworden. Hier müssten nun freilich neue Rechtskategorien gefunden werden; denn seine Verletzungen der Verfassung sind oft Handlungen und Methoden, die in ihrer Besonderheit rechtlich noch nicht erfasst sind: Lauschangriffe, Schnüffelverfahren, Datenspeicherung, heimlich gelenkter Rufmord, Repression und dergleichen mehr. Sie entgehen fast immer der Kontrolle des Bürgers, weil sie abgedeckt sind durch staatliche Macht. Es ist deshalb niemand da, der sie einklagen kann, und kein Gericht, das sie verfolgen wird. Die so korrumpierte und aus der Kontrolle geratene Macht kann letztlich nur noch gestürzt werden, um die Grundsätze der Verfassung auch in der Ausübung der Macht wieder zur Geltung zu bringen.

Ein kleines Nachwort: Es wurde hier nur scheinbar von fremden Ländern geschrieben. Die Rede war von einem Land, das selbsternannte Staats- und Verfassungsschützer nicht nur duldet, sondern sie in das Parlament bringen möchte; das, bald offen, bald verschleiert, Berufsverbote verhängt; das zuweilen den Rufmord honoriert, die missliebigen politischen Parteien bespitzelt, die Grundfreiheiten der Rechtspflege nicht mehr in jedem Fall garantiert und die Medienschaffenden zur Selbstzensur zwingt.

Auch in der Schweiz werden die Grundsätze der Verfassung stellenweise von oben zerstört, unter dem Vorwand, damit die Demokratie zu retten.

Vom Scheitern des AJZ und vom Scheitern des Staats

Jede Form des Zusammenlebens hat ihre eigene Geschichte des Scheiterns: die Gross- und die Kleinfamilie, das Konkubinat, die auf Freundschaft gegründete Gemeinschaft, die verschiedenen Arten alternativer Kommunen und neuerdings auch die Autonomen Jugend-Zentren. Gewalt gab und gibt es in allen – wie es in allen Freundschaft, Fürsorge und Liebe gibt. Das macht es uns unmöglich, eine für die einzig richtige zu halten. Es gehört deshalb zur guten Tradition des liberalen Staates, dass er den Pluralismus der Lebensgemeinschaften respektiert und schützt. Wo er dies nicht tut, wie etwa beim Konkubinat oder bei der homophilen Freundschaft, macht er sich selber unglaubwürdig. Er löst ein Versprechen nicht ein, und zwar das zentralste, das er gegeben hat: eben ein *liberaler* Staat zu sein – und keine, wie auch immer geartete Diktatur.

In abstrakto ist das vielen plausibel, in konkreto wenigen. Der Liberalismus verleugnet sich gerne dann, wenn eine neue Lebensform mit neuen Argumenten Anerkennung fordert, und dies ganz besonders, wenn die Forderung von einer kleinen Minderheit kommt. Dann kramt auch er in der Deponie der Jahrhunderte, um zu verhindern, was nicht sein darf – weil es noch nicht war.

Angesichts der rebellierenden Jugend scheint er nun allerdings in einer unerhörten Weise herausgefordert zu werden. Da kommt doch diese Horde von Chaoten, dieses Jugend-Lumpenproletariat, fordert ein Gratis-Wohnrecht, Unterstützung für Arbeits-

Verweigerung und obendrein noch Autonomie! Soll er denn auch noch die Attacke auf ihn selber honorieren? Das kategorische Nein scheint wirklich die ultima *ratio* zu sein. — Die Vertreibung ist aber ein kurzer Sieg, wo es keine Verbannung gibt, und die organisierte Staatsgewalt ein schwaches Instrument, wo man sich vor der massenweisen Kriminalisierung scheut. Die *ultima* ratio des liberalen Staates ist eben allein die Liberalität, und sie zwingt ihn, auch mit denen zu leben, die ihn herausfordern und verachten. Die kurzen Siege der Staatsgewalt sind deshalb à la longue lauter Niederlagen. Er ist dazu verdammt, die Knöpfe nicht zu zerschneiden, sondern sie zu lösen. Und so muss er denn zur Kenntnis nehmen, dass er vor neuen Problemen steht, die kein Kraft- und kein Gewalt-Akt aus der Welt schafft. Es sind vor allem drei:

1. Eine zunehmende Anzahl von Jugendlichen ist heute bereit, sich in leerstehenden Häusern ein Recht auf Wohnung zu nehmen, wenn ihre Lage sie dazu zwingt. Ich halte dieses Problem auf die Dauer für das schwierigste; denn es gründet in einer verbreiteten sozialen Not und wird im Konfliktfeld von Eigentum und Grundrechten ausgetragen. Dabei schützt der liberale Staat, seiner Verfassung gemäss, heute noch das Eigentum und er anerkennt das unverbriefte Grundrecht auf Wohnung nicht. Hier wird letztlich nur eine neue soziale Boden- und Wohn-Politik das Problem lösen, eine Politik, die das Spekulantentum strikt eingrenzt und den Mieterschutz ausdehnt. Diese Lösung kann die Regierung nicht verordnen. Vielmehr verlangt sie einen Prozess des Umdenkens bei der Mehrheit der Bürger, bis hin zum klar formulierten politischen Willen, dass das Grundrecht auf Wohnung dem

Schutz des asozial verwalteten Eigentums vorausgeht. Was die Wohnungsnot vergrössert: leerstehende Häuser, Abbau des billigen Wohnraums, Spekulantenschutz u.a.m. kann nicht im Interesse der Stadt und ihrer Bürger liegen. Solange diese Gesinnung nicht zur offiziellen Politik geworden ist, können illegale Akte der Besetzung menschenrechtliche Legitimität haben: Wer lebt, muss wohnen können.

2. Die Jugend-Bewegung besteht auf dem Recht, sich selber die Normen für ihre Wohngemeinschaft zu geben. Sie will autonom, selbstbestimmend, sein. Dies scheint für die Basler Behörden der zentrale Punkt zu sein, dem sie jetzt noch ihr Veto entgegenhalten mit der scheinbar plausiblen Begründung, dass es innerhalb einer autonomen Gesellschaft nicht eine andersgeartete Autonomie von Gruppen geben kann und darf. Das Argument trägt nur, solange man nicht differenziert. In Wahrheit gewährt doch der Staat jeder Familie in ihrem Innen- und Wohnraum weitgehend Autonomie. Er beschnüffelt und bespitzelt nicht die Wohnungen, erlässt nicht für alle verbindliche Hausordnungen und kontrolliert nicht die Lebensgewohnheiten. Er toleriert den Freiraum im Innern und entlastet dort vom weit stärkeren Normendruck des öffentlichen Lebens im Aussenraum. Eingreifen wird er nur, wenn durch die jeweilige Lebensform Dritte geschädigt werden. Der Eingriff will dann ausschliesslich diese Schädigung beseitigen; aber er wird niemals die Wohngemeinschaft auflösen und die Bewohner gar auf die Strasse setzen.

Warum kann man nicht mit der sonst üblichen Vorsicht auch bei Jugendlichen nach diesem Modell verfahren? Warum darf es für sie das Recht auf einen

Freiraum im Innern nicht geben? Vielleicht sind beide Seiten an der Verhärtung der Fronten schuld: die Jugendlichen, sofern sie glauben, ihre Autonomie erstrecke sich unbegrenzt auch auf den Aussenraum; die Behörden, sofern sie argumentieren, es könne Autonomie auch im Innenraum nicht geben. Beides ist schlichtweg falsch. Die Differenzierung aber kann eine Lösung ermöglichen, die die Autonomie des Zusammenlebens gewährt, ohne die öffentliche Ordnung zu ruinieren. An der Autonomie eines AJZ geht der Staat nicht zugrunde; am Staat sollte die Autonomie des AJZ nicht zugrunde gehen.

3. Als Haus- und Lebensgemeinschaft möchten die Bewohner des AJZ eine alternative Sozialform entwickeln. Sie basiert im wesentlichen auf der solidarischen Macht der Vollversammlung, in der jeder Bewohner eine Stimme hat, und im solidarischen Verhalten zu allen, auch zu den sozial Geschädigten wie Kleinkriminellen und Drogenabhängigen. Besonders diese zweite Form der Solidarität haben die Behörden zum Anstoss genommen, um gründlich Remedur zu schaffen. Aber vielleicht war auch diese Solidarität nur das normale Verhalten einer guten Lebensgemeinschaft. Wer zeigt denn sein Kind an, wenn es klaut? Wer bringt es vor den Richter, wenn es Drogen konsumiert? Nicht mal ein Polizei-Kommandant. Man wählt die Möglichkeit der Argumentation, der sozialen und eventuell der ärztlichen Beratung und Hilfe. Genau das hat man im AJZ versucht. Welch ein Verbrechen!

Sind denn die Denunziation und der Ausschluss aus der Gemeinschaft wirklich die besseren Wege? Wo ist denn der Sieg des Rechts über die Kriminalität, über den Drogenmissbrauch und über die Gewalt? Auch der Staat kann da nur eine Geschichte des Scheiterns vorweisen. Nach dem Rezept der gründlichen Remedur könnte er gleich die Stadt schliessen. Vermutlich hatte das AJZ im Umgang mit den schwierigen seiner Bewohner mehr Erfolg, als nun der Staat mit ihnen hat. Er könnte in einer solchen Institution deshalb auch eine Entlastung sehen, die seine Unterstützung verdient.

Die Frage, ob es ein AJZ geben *darf*, ist im Grunde nur die Frage, ob man ein AJZ tolerieren und unterstützen *will* oder nicht. Will man es, wird man rechtliche Möglichkeiten dafür finden; will man es nicht, wird man rechtliche Gründe dagegen finden. Darum kommt es hier primär nicht auf die Rechtsargumentation an, sondern auf den politischen Willen der Behörden. Das ist der Grund, weshalb sie die Verantwortung für ihr Nein nicht auf die Rechtslage abwälzen können, sondern sie persönlich übernehmen müssen und politisch für die Folgen haften.

„Im Namen Gottes des Allmächtigen!"

Der Einleitungssatz der alten Bundesverfassung soll nun auch der neuen vorangestellt werden: „Im Namen Gottes des Allmächtigen!"

Die Formel klingt vertraut, feierlich, erhaben. Ein (noch erträgliches) Pathos liegt in ihr, das den gleichsam heiligen Ernst *zur* Verfassung ausdrückt. Als ob sie auf einem unerschütterlichen Fundament stehen würde. Die Übernahme dieses Satzes scheint denn auch für den grösseren Teil der Bevölkerung fast eine Selbstverständlichkeit zu sein. Eine Minderheit indes stellt die Frage, ob dieser Titelsatz überhaupt in die Verfassung gehöre.

Um nun nicht ein Vorurteil und nicht eine Vorliebe zum Richtmass der Antwort zu machen, sollen einige Fragen aufgeworfen werden:
1. Was heisst „Im Namen Gottes"?
2. Welcher Gott wird angerufen?
3. Wie steht es um die Tradition dieses Satzes?
4. Soll man in der Verfassung überhaupt Gott anrufen?

1. Was also heisst „Im Namen Gottes"?

Nehmen wir an, eine Veranstaltung wird mit dem folgenden Satz eröffnet: „Im Namen des Stadtpräsidenten heisse ich Sie zu diesem Abend willkommen." Was heisst hier: „Im Namen des Stadtpräsidenten"? Nicht geradezu: „Im Auftrag des ...", aber doch etwa: „Im Einverständnis mit dem Stadtpräsidenten, den ich hiermit repräsentiere." Hier liegt also eindeutig eine *Be*rufung auf eine Instanz vor und nicht etwa eine *An*rufung des Stadtpräsidenten.

Nehmen wir weiter an: Ein Richter verkündet ein Urteil und beginnt seinen Urteilsspruch mit dem Satz: „Im Namen des Gesetzes!" Was heisst hier „Im Namen"? Offensichtlich „In Übereinstimmung mit dem Gesetz", oder auch „In Erfüllung des Gesetzes". Vielleicht aber wird das Gesetz nur gleichsam als Zeuge angerufen. Hier liegt eine Mischform vor. Der Satz ist zugleich *Be*rufung auf das Gesetz und *An*rufung des Gesetzes.

Nehmen wir weiter an, eine Proklamation beginnt mit dem Satz: „Im Namen der Republik!" Was heisst hier „Im Namen"? Vielleicht ist noch gemeint: „Legitimiert durch die Republik." Vielleicht auch ist der Satz eine rituelle Formel, die nur noch die Würde der Republik *an*ruft.

Wie ist nun der Satz: „Im Namen Gottes des Allmächtigen!" zu verstehen? Als *Be*rufung auf Gott oder als *An*rufung Gottes?

Wenn er als Berufung auf Gott gemeint ist, dann signalisiert er das Einverständnis mit dem göttlichen Willen und auch dessen Repräsentation durch die Verfassung. Eine solche Auslegung wäre schlechthin katastrophal. Denn sie würde ein Menschenwerk durch Gott legitimieren. Ihre scheinbare Frömmigkeit wäre weiter nichts als Hybris.

Wir müssen deshalb – und so ist die Präambel von Adolf Muschg auch stilistisch konzipiert worden – den ersten Satz als eine formelhafte Anrufung verstehen. Zwischen ihm und der übrigen Präambel ist ein Schnitt.

Ist aber die Formel: „Im Namen Gottes" auch wirklich eine Anrufung? — Anrufungen lauten sonst eher: „Gott, Du Erhabener ...", „Gott, der Du bist im Himmel ...", „Gott, der Du die Menschen kennest ..." usw. „Im Namen Gottes des Allmächtigen!" ist eben als *An*rufung stilistisch mit einer *Be*rufung verquickt, und das ist der Schatten, der in jedem Fall auf diesem Satz liegt.

2. Welcher Gott wird nun angerufen?

Der christliche? — Der christliche Gott hat aber verkündet, dass man seine Feinde lieben soll, dass wir die segnen sollen, die uns fluchen, dass wir unser Schwert in die Scheide stecken sollen und dass wir auch die linke Backe hinhalten sollen, wenn wir auf die rechte geschlagen werden. Dieser Gott kann in der Anrufung nicht gemeint sein. Denn es gibt keinen Staat der Welt, der diese nicht unwesentlichen Prinzipien der christlichen Ethik jemals in die politischen Grundsätze aufgenommen hätte. Die Differenz zwischen einem wahrhaft christlichen Gemeinwesen (es ist vielleicht nur denkbar als kleine Kommune) und einem sogenannten christlichen Staat ist in jedem Fall so frappant, dass, je ernster das christliche Bewusstsein ist, desto unglaubwürdiger die Anrufung und damit die Verfassung wird. Gerade der ehrliche Christ, der wirklich seine Existenz im Sinne der Evangelien führt, müsste diese Anrufung als Blasphemie empfinden.

Angerufen wird indes gar nicht der christliche Gott, der ja bekanntlich in Ohnmacht gekreuzigt worden ist, sondern „Gott der Allmächtige". Hinter dieser Formel verbirgt sich etwas theologisch ganz und gar Umstrittenes und politisch Verdächtiges:

Seit dem Mittelalter nämlich ist man sich uneins in der Theologie, ob Gott als Vater allmächtig sei oder nicht. Man hat Fragen aufgeworfen wie: „Kann Gott eine Gefallene wieder in den Stand der Unschuld versetzen?" „Kann er Geschehenes rückgängig machen?" „Ist für ihn Zeit reversibel?" usw. Es hat immer schon Theologen gegeben, die all diese Fragen mit „Nein" beantwortet haben und die deshalb gelehrt haben: Gott ist *nicht* allmächtig. Rein theologisch gesehen, wäre die vom Bundesrichter Otto Kaufmann vorgeschlagene Formel: „Gott der Allumfassende" deshalb weit glücklicher.

Politisch aber regt sich der Verdacht, dass der Allmächtige nur angerufen wird als die äusserste Potenzierung der Macht, die auf Erden eben repräsentiert wird durch die politisch Herrschenden: Es ist das widerliche Bündnis von Gott mit der Macht, das dann beschworen wird: ein Bund, der eine sehr unheilige Geschichte hat.

3. *Historisch gesehen* ist die Formel „Im Namen Gottes des Allmächtigen!" als Einleitungssatz von Vertragswerken nicht alt. Im Bundesbrief von 1291 steht sie nicht (sondern das schlichtere: „Im Namen Gottes") und auch nicht in allen späteren Vertragswerken bis ins 19. Jahrhundert. Es wurden aber eine ganze Reihe von Bundesvertrags-Werken und von Verkommnissen abgeschlossen, die auf jegliche einleitende Anrufung Gottes verzichteten. Zum ersten Mal taucht der Satz im „Bundesvertrag" von 1815 auf. Er

entspringt eindeutig dem Denken der Restauration, das als legitimistisches erinnern wollte an die wahren Herkunftsverhältnisse der legitimen Machthaber. Hier zeigt sich jener Schatten im Bereich des Historischen. Die Formel *war* eben eine Berufung auf den Ursprung der Macht und deshalb haftet ihr geschichtlich etwas Hybrides unweigerlich an. Und sie war der Gegenruf zu den Sätzen: „Im Namen der Republik!" und „Im Namen des Volkes!" Als Gegenruf aber war sie der Kampfruf der Reaktion.

Wenn in der Tradition der eidgenössischen Vertragswerke die drei Möglichkeiten liegen:
a) Die Anrufung „Im Namen Gottes",
b) der Verzicht auf jegliche Anrufung Gottes,
c) die Anrufung „Im Namen Gottes des Allmächtigen!",
dann sind wir gerade auf die *gesamte* Tradition bedacht, wenn wir die Frage neu stellen:

4. Soll man in der Verfassung Gott anrufen?

Man hat Argumente dafür gebracht, nämlich:
Zur Eidgenossenschaft gehöre der Eid; es lasse sich aber schwerlich ein Eid ohne Anrufung einer höchsten Instanz denken. – Hier wäre zu antworten: Die Eidesformel heisst nahezu überall: „So wahr mir Gott helfe", und nirgends: „Im Namen Gottes des Allmächtigen!".

Man hat weiter gesagt, die Anrufung Gottes signalisiere, dass die Verfassung bloss Menschenwerk sei. Das ist schlicht und einfach Behauptung. Dieser Zusammenhang wird nirgends zum Ausdruck gebracht.

Man hat betont, die Anrufung Gottes zeige im Kontext, dass die Verfassung den Bürger nur dann binden könne, wenn sie selbst an eine Grenze gebunden bleibe (Muschg). Ich vermag die Notwendigkeit nicht zu sehen, die jene Anrufung zur Voraussetzung des Grenzbewusstseins macht. Es genügt, in der Präambel zu sagen, dass alle staatliche Macht begrenzt ist.

Man hat schliesslich gefordert, und damit gleichsam mit dem Hammer theologisiert, Gott müsse in der Verfassung anwesend sein. Nicht schlecht gelacht! Als ob die Aufnahme des Wortes „Gott" in die Verfassung für die Präsenz Gottes in ihr auch nur das Geringste verbürgte.

Gegen all das sollte man zumindest bedenken:
1. Der oberste Satz einer Verfassung, gleichsam also ihr Fundament, müsste schlechthin ein Satz Aller sein. Er darf keine Bürger ausschliessen. Es gibt aber Atheisten, Agnostiker und vielleicht auch Religiöse, welche diese Anrufung nicht für sinnvoll halten oder sie nicht ohne Skepsis hinnehmen können. Soll für sie die Verfassung mit dem 2. Satz beginnen?

2. Eine demokratische Verfassung ist dadurch gekennzeichnet, dass sie gesellschaftliche Strukturen herbeiführt, die horizontal sind, d.h. dass sie Machtverhältnisse schafft, in denen Macht je länger je mehr gleichmässig verteilt wird. Nur dann ist Macht nicht böse, wenn sie die Struktur der Solidarität und der Gleichheit im strengen Sinn in sich schliesst.

Über ein demokratisches Vertragswerk sollte man daher nicht die Formel setzen: „Im Namen Gottes des *All-Mächtigen!*" Denn nun wird eine vertikale Struktur an den Anfang gesetzt: „*Er* da oben und wir hier unten". Die Folge wird fast unweigerlich sein, dass die vertikale Machtstruktur ihre letzte Legitimation behält und dass wir wieder eine Gesellschaft aufbauen nach dem bekannten Muster: „*Sie* da oben und wir hier unten".

Mir scheint deshalb, man sollte es bei der schönen Präambel bewenden lassen. Wenn aber doch noch ein Einleitungssatz nötig ist, müsste er, um der angestrebten Demokratie willen, heissen:

„*Im Namen des Volkes!*"

Unklar, unehrlich und inhuman

Ich bin gegen die Volksinitiative „Recht auf Leben", weil sie mit lauter unklaren Sätzen Klarheit vortäuscht und weil sie die eigentlichen Ziele, um die es ihr geht, nicht nennt: nämlich die Liberalisierung des Schwangerschaftsabbruchs einerseits und das Recht auf einen Tod in Würde andrerseits zu *verhindern*. Unter dem noblen Vorwand Leben zu schützen, verewigt sie ein Stück Unfreiheit der Frau und verlängert die schweren und vielleicht sinnlosen Leiden des Moribunden. Sie ist im Wortlaut unklar, im Verbergen der konkreten Absicht unehrlich und in der möglichen Wirkung inhuman.

Vorerst zur Unklarheit der Sätze:

Der erste Satz postuliert „das Recht auf Leben". Was aber soll unter „Leben" verstanden werden? Das nackte biologische Dasein oder eine bestimmte Qualität von Leben? Leben des Menschen ist jedenfalls nicht durch biologische Lebensprozesse allein definierbar. Wir können heute solche Prozesse beim Menschen mit Hilfe von Apparaturen aufrecht erhalten, ohne dass dieses biologische Leben noch irgendwelche Qualitäten von menschlichem Dasein hat. Die Undifferenziertheit der Aussage wird notwendigerweise Rechtsunsicherheit schaffen. Die Ärzte auf den Intensiv-Stationen können davon ein Lied singen.

Weiter fordert der erste Satz „das Recht auf körperliche und geistige Unversehrtheit". Aber kann es ein solches Recht überhaupt geben? Was ist denn mit den Menschen, die als Debile oder als Krüppel geboren werden, was mit chronisch und unheilbar Kranken? Es gibt Schicksale, angesichts deren dieses Recht ein hohles Wort ist. In keinem Fall hohl aber ist ein umfassendes Recht auf Pflege und Fürsorge, und notwendig wäre auch ein Recht, dass kein Mensch durch andere Menschen oder durch die Organisation der Gesellschaft körperlich oder geistig krank *gemacht* werden darf, sofern dies verhinderbar ist. In diesem Zusammenhang wäre z.B. ein Recht auf humane Arbeit sinnvoll, das allen garantiert, nicht durch Arbeit krank gemacht zu werden. Gälte es, so würde ein Teil unserer Güter-Produktion und der Dienstleistung zusammenbrechen. Ich fürchte, dass die Initianten ein solches Recht gar nicht möchten, sondern ein abstraktes und letztlich prahlerisches Recht postulieren, das in Wahrheit eine Grundsituation unseres Lebens verkennt und verharmlost.

„Das Leben des Menschen beginnt", so behauptet der zweite Satz, „mit dessen Zeugung und endet mit seinem natürlichen Tod". Nun wissen die Initianten so gut wie ich, dass der erste Teil dieser Aussage wissenschaftlich umstritten ist. Es gibt Forscher, die den Beginn des spezifisch humanen Lebens mit der Ausbildung der Grosshirnrinde ansetzen, andere, die den Beginn in der Nidation, in der Einnistung des befruchteten Eis, sehen, und noch andere, die kategorisch bestreiten, dass der Beginn überhaupt festgelegt werden kann; denn das Ei und die Spermien leben ja auch schon und sind organische Teile eines Organismus. Was erlaubt also den Initianten so kategorisch zu sprechen, wo nachweislich eine grosse Unsicherheit vorliegt? Vermutlich verwechseln sie etwas. Mit der Zeugung beginnt nicht Leben, sondern bereits vorhandenes Leben bekommt durch die Zellvereinigung eine neue Merkmal-Struktur. In ihr wird ein Anfang auf ein neues Lebewesen hin gesetzt, aber aufgrund von bereits vorhandenem Leben.

Ist dieser Anfang bereits ein Mensch? Die Entstehung eines Hauses beginnt mit einem Plan, dann mit der Aushebung und der Fundamentierung. Ist der Plan darum das Haus? Oder der Aushub oder das Fundament? Das Leben eines neuen Lebewesens beginnt mit einer neuen Merkmal-Struktur aus bereits vorhandenem Leben, dann mit der ersten Zellteilung, dann mit einem Zellkomplex. Ist diese Merkmal-Struktur, der Zweizeller oder der Zellkomplex darum schon ein Mensch? Wer das behauptet, negiert die Realität der Entwicklung in der Ontogenese oder tut so, als ob diese Entwicklung qualitativ nichts Neues erbrächte. Er könnte ebenso gut behaupten, eine Raupe sei ein Schmetterling oder ein Sprössling ein Baum. Die Anlage zu einem Menschen wird mit dem Menschen identifiziert, die Möglichkeit mit der Wirklichkeit gleichgesetzt. Erstaunlich daran ist die Sicherheit des Dogmatischen. Sie hat die ganze Wahrheit und braucht sich deshalb um die Wirklichkeit und um den jeweiligen Stand der Entwicklung nicht mehr zu kümmern.

Ebenso ist die Deklaration, dass „das Leben des Menschen" mit seinem „natürlichen Tod" endet, ein barer Unsinn. Kann denn das Leben nicht auch durch einen unnatürlichen Tod enden? Wahr ist nur: Das Leben des Menschen endet mit seinem Tod. Welcher Tod aber ist im Zeitalter der hochtechnisierten Medizin noch „natürlich"? Heute wird in praktisch alle Sterbevorgänge eingegriffen. Was heisst also hier „natürlich"? Ist „natürlich" der Gegenbegriff von „gewaltsam" oder von „künstlich beschleunigt"? Ist dann der künstlich verlangsamte Tod natürlich und der künstlich beschleunigte unnatürlich? Dieser Satz ist entweder unwahr (weil Leben auch unnatürlich enden kann) oder unklar (weil der Sinn von „natürlich" in der Schwebe bleibt) oder einfach eine Bemäntelung für ganz bestimmte Zwecke.

Das dritte Alinea nennt vorerst die Bedingungen, unter denen das gesetzte Recht auf keinen Fall „beeinträchtigt" werden darf, nämlich in keinem Fall „mit Rücksicht auf weniger hohe Rechtsgüter". Wo aber gibt es den verbindlichen Rechtsgüter-Katalog? Ist Freiheit ein höheres Rechtsgut als Leben oder Leben ein höheres Rechtsgut als Freiheit? Unsere Kultur der Neuzeit hat eher der Freiheit den Vorrang gegeben. Die offene Frage wird mit Schweigen übergangen. Im Hintergrund steckt aber mit Sicherheit die Vorstellung, dass Leben, und zwar als rein biologisches Leben des Menschen, das höchste Rechtsgut ist. Die Banalität lässt grüssen. Der Zweck aber ist in Sicht: „Das Recht auf Leben" darf nur „beeinträchtigt" werden im Namen der Erhaltung von anderem Leben, und sonst in keinem Fall.

Schliesslich wird die Bedingung genannt, unter der die erlaubte Beeinträchtigung erfolgen darf, nämlich „nur auf rechtsstaatlichem Wege". Welches dieser Weg ist, wird abermals verschwiegen. Die Katze wird, wie in der ganzen Initiative, im Sack verkauft.

Hinter diesem Sammelsurium von Unklarheiten und Behauptungen wird ein höchst konservatives Projekt versteckt, das man konkret so umschreiben darf:

Der Schwangerschaftsabbruch (= Beeinträchtigung des Rechts auf Leben) soll für die ganze Zeit der Schwangerschaft (= das Leben des Menschen beginnt mit der Zeugung) nur bei medizinischer Indikation (= mit Rücksicht auf gleich hohe oder höhere Rechtsgüter) und unter der Obhut staatlicher Institutionen (= auf rechtsstaatlichem Wege) erlaubt sein. Und Sterbehilfe darf es ausschliesslich als passives Sterbenlassen (= natürlicher Tod) geben.

Die Initianten wissen natürlich, dass die Initiative, im Klartext, keinerlei Chance beim Volk hätte. Um die Sache doch noch akzeptabel zu machen, wird sie hinter allgemeinen Formeln versteckt, deren konkrete Tragweite die wenigsten durchschauen können. Eben das ist die Unredlichkeit, die dieser Initiative anhaftet. Sie ist ein Rückschritt im Gewand einer scheinbar fortschrittlichen Rechtssprache.

All das wäre nicht weiter empörend, wenn nicht zwei Klassen von Menschen die Zeche als Opfer zu zahlen hätten: die Frauen, die nicht gebären möchten, und die schwer Leidenden, die im Grenzfall vielleicht nicht mehr leben wollen. Wo nehmen die Initianten denn das Recht her, im einen Fall zum Gebären, im andern zum Leben zu zwingen? Im Hintergrund sitzt die alte Unterdrückungs-Politik gegen die Emanzipation der Frau und des Patienten. Wenn sie schon beischläft, die Frau, und nicht aufpasst, soll sie gefälligst auch gebären. Wenn er schon stirbt, der Patient, dann soll er auch zu Ende leiden; denn Leben, Leiden und Tod kommen ja von Gott. So einfach ist es – wenn man nicht der Betroffene ist.

Das Initiativ-Komitee setzt sich übrigens zusammen aus 12 Männern, die bekanntlich auch sterben, aber nie schwanger sind, und aus vier privilegierten

Frauen, die vermutlich das Gebären hinter sich haben. Und wo ist die Stimme der Betroffenen, die der armen und geschundenen Frau, die zwar an der nächsten Geburt nicht stirbt, aber durch sie in der sozialen Not gefangen bleibt, und wo die Stimme derer, denen das physische Leiden zu viel ist? Die Betroffenen haben zu erleiden, was die Nicht-Betroffenen ersinnen. Man könnte von Demokratie auch eine andere Vorstellung haben.

Der Schwangerschaftsabbruch und die Euthanasie sind komplexe und individuell nuancierte Probleme. Sie sind mit drei Sätzen nicht zu lösen, sondern allein mit einer Gesellschaftsordnung, in der die Gebärenden und die Geborenen nicht die Benachteiligten sind und die Leidenden nicht die Vereinzelten. Solange wir diese Ordnung nicht haben, beginnt Humanität konkret mit dem Respekt vor dem Leidenden und seinem Leidensdruck, und dieser Respekt zeigt sich darin, dass man auf die Autonomie und die Würde des Leidenden setzt. Weil die Initiative „Recht auf Leben" diese *konkrete* Würde übergeht, ist sie nicht nur unklar und unredlich, sondern auch inhuman.

Für eine Initiative zur Förderung der Künste

Wer immer die Kultur-Initiative formuliert haben mag — er war schlecht beraten, keinen Kultur-Anthropologen zu konsultieren. Denn dieser hätte ihn darüber belehrt, wie heute, nahezu weltweit, das Wort „Kultur" gebraucht wird. Unter Kultur versteht man die gesamte Lebensform einer Bevölkerung. Zu ihr gehören auch die Standards, wie Suppe gegessen, wie geliebt, die Jugend sozialisiert, wie regiert, gestorben, Geld verdient, gebadet, gebetet, das Land verteidigt und Musik gemacht wird — kurz: die Art und Weise, wie alle Bedürfnisse befriedigt werden. Zur Erhaltung und Förderung all dessen wird nicht bloss 1% der Bundesausgaben eingesetzt, sondern der grosse Haufen der Bundes-, Staats-, Gemeinde- und der Privat-Haushalte — freilich in nicht unbedenklicher Verteilung: für das eine wird sehr viel, für anderes hinreichend und für noch anderes (fast) nichts ausgegeben.

Zu denen, die fast nichts erhalten, gehören die Künstler. Die Kirchen sorgen für sich selber durch Steuern mit beachtlichem Geschick — und der Staat hegt sie überdem; die Wissenschaften werden öffentlich durch Universitäten, Schulen und den Nationalfonds und privat durch die Wirtschaft gefördert, und die Philosophie hängt sich, in Schranken geduldet, an, wo es geht. Aber die Künstler sind die Stiefkinder der Kultur-Nation. Ich bin deshalb der Meinung, die Kultur-Initiative hätte Initiative zur Förderung der Künste heissen müssen. Diese Chance ist dem Wortlaut nach verpasst. Der Sache nach aber meint die Initiative genau dies, wenn man den Begriff „Kunst" nur weit genug fasst. Zur Kunst gehören ineins der Bestand der bedeutenden Werke und der künstlerisch durchformten Bräuche, die künstlerische Produktion in der Gegenwart sowie die Vermittlung und Aneignung all dessen von der Region bis hinaus in die Welt.

Warum soll der Bund dafür mehr Geld ausgeben als bisher? – Überschütten denn nicht die Kantone ihre Renommier-Theater zum Teil mit wahnwitzigen Subventionen? Kaufen sie nicht für ihre Museen Werke zu horrenden Preisen und unterhalten sie nicht Konservatorien, Akademien und Bibliotheken für ziemlich viel Geld?

All das und vieles mehr geschieht – und manches davon liesse sich kritisieren –; aber es ist aus *drei* Gründen nicht genug.

Erstens fallen die *freischaffenden* Künstler fast ganz durch die Maschen der staatlichen Unterstützungen. Der grösste Teil von ihnen lebt unter dem Existenz-Minimum. Sie selber sind völlig unfähig, durch eine Organisation für ihre Interessen zu sorgen. Mit dem Rat, doch endlich eine Gewerkschaft zu gründen, vertreibt man sie bloss. Die Beiträge, die der Staat für sie in Stipendien und Preisen bereithält, sind lächerlich. Ja, er sorgt nicht nur *nicht* für sie – er benachteiligt sie, entweder ironisch oder bösartig: sie erhalten keine Kinderzulagen, bezahlen mehr AHV und kennen nur die minimalste soziale Sicherung. Sie gehören ohne Zweifel zum Proletariat unserer Tage. Von Natur aus Verschwender und Anarchisten, leben sie oft mit den abgezählten Bissen und nach den Regeln von Bettlern. Das ist nicht nur soziales Unrecht – das ist gesellschaftliche Gedankenlosigkeit. Warum sind hier Bund und Kantone so kleinlich und geizig?

Es ist offenbar ein Verbrechen zu arbeiten und nicht Erfolg zu haben — falls man *frei*schaffender Künstler ist. 90% unserer Wissenschaftler, der Pfarrer und der Künstler mit fester Anstellung müssten verhungern, wenn sie allein nach den Regeln des öffentlichen Erfolgs leben sollten. Aber den freischaffenden Künstlern mutet man es zu — als angemessenen Preis ihrer Freiheit. Was bestraft man da eigentlich?

Aber *sie* schaffen die Kunstwerke unserer Tage, jene Spiegelungen unserer Lebensform und auch jene Gegenbilder, die ineins die Kritik, die Sehnsucht und die Utopien eines Volkes sind. Eine Nation, die sie verachtet und vernachlässigt, gibt ein Stück ihrer Selbsterkenntnis preis und einen Teil ihrer besseren Möglichkeiten. Die grossen Kunst-Anstalten kommen dann unweigerlich in den Verdacht, Alibi-Institutionen zu sein, durch die man mit Prunk und Snobismus die Pflichten herausstreicht, die man in Wahrheit vernachlässigt. Dem freien Kunstschaffen eine Chance zu geben, und zwar langfristig und geduldig, ist die wichtigste Aufgabe aller Kunst-Politik, um nichts geringer als die Förderung der Wissenschaften. Denn was der Künstler tut, ist nicht durch andere Kulturbereiche ersetzbar oder in sie übersetzbar, und das Bedürfnis einer Bevölkerung, sich in und durch Kunst zu verstehen, ist so alt wie der Geist selber: älter als Wissenschaft und universaler als sie.

Zweitens sollten die bedeutenden Kunstwerke vergangener Zeiten und das gegenwärtige künstlerische Schaffen, bis hinein in die künstlerisch geprägten Gebräuche und in die spontanen künstlerischen Aktionen und Prozesse, in der Öffentlichkeit einen grösseren Stellenwert haben. Es fehlt in den wichtigsten

Städten nicht an grossen Theatern, Konzertsälen, Orchestern, Museen und Bibliotheken. Nicht wenige von ihnen haben internationales Niveau. Aber es fehlt an einer angemessenen Unterstützung der kleineren Institutionen. Sehr oft geschieht an ihnen das Wichtige der Gegenwartskunst. Der heute übliche Verteiler der Kultur-Gelder übersättigt nicht selten geistig träge Institutionen und lässt die lebendigeren, experimentierenden darben; er schützt eine etablierte Schicht beamteter Künstler und übergeht fast ganz die junge, noch ungebundene und eigentlich hoffnungsvolle Generation. Ich plädiere nicht für den Abbau der ersten, aber für den Aufbau der zweiten.

Vor allem aber fehlt es an der Präsenz der grossen Kunst auf dem Land und zugleich an der bewussten Pflege der unverkitschten Volkskunst. Beide sind indes aufeinander angewiesen. Kaum ein bedeutender Künstler ist ungeprägt durch erste künstlerische Eindrücke, die auf ihn von seiner Heimat ausgegangen sind, und alle Volkskunst kann sich aus der Verkitschung nur retten, wenn sie, in ihrem heimatlichen Milieu, auch die neuen Antriebe der grossen Kunst verspürt. Ein zu starkes Kulturgefälle zwischen Stadt und Land gefährdet die Kunst in ihrer ganzen Breite.

Drittens geht es darum, unseren Künstlern und unserer Kunst ein wenig mehr die Welt zu öffnen. Künstler aus allen Bereichen sollten vermehrt die Gelegenheit zu längeren Auslandsaufenthalten bekommen; Ausstellungen und Übersetzungen ihrer Werke sollten gefördert werden. Zwar tut dies „Pro Helvetia" nach Kräften, aber vom Namen her nicht ohne den Anstrich nationaler Propaganda und überdem mit geringem Erfolg. Mit Ausnahme einiger Stars wie

Frisch und Dürrenmatt, Jean Tinguely, Bernhard Luginbühl und Heinz Holliger, sind die Namen der Schweizer Künstler im Ausland fast völlig unbekannt. Man kennt sie bestenfalls in ganz kleinen Kreisen. Schuld daran ist nicht allein das mangelnde Geld, sondern auch der fehlende Sinn für Kultur an unseren Botschaften und Konsulaten. Sie verstehen sich meist als Handelsvertretungen. Die Folge für das internationale Image der Schweiz ist fatal. Die Schweiz im Ausland: das ist jenes kleine, verschonte, kapitalstarke Reiseland der grossen Banken, in dem Präzisionsmaschinen, Uhren, Käse, Chemikalien, Stickereien und Souvenirs en masse hergestellt werden, und in das man sich „zur Verbringung des Lebensabends" gerne zurückzieht, wenn anderswo die Steuerlasten zu gross und die Zeiten zu unsicher werden. Das ist sicher nicht die Schweiz, aber die Schweiz, die wir offiziell fahrlässig propagieren.

Es wäre gut, wenn der Bund verpflichtet würde, mit den Künstlern anders umzugehen. Die Nutzniesser davon sind keineswegs sie allein, sondern das ganze Volk. Nationale Propaganda mit Kunst und Künstlern ist zwar die Verkehrung der Kultur. Aber die Präsenz der Kunstschaffenden eines Landes in der Welt und in der Heimat zu fördern, ist ein Akt der Selbstachtung einer Nation und ein Moment ihrer Kultivierung.

Strafe und Humanität

Auch das Selbstverständliche wird fraglich. Man kann das nirgends so gut beobachten wie in der Geschichte des Strafrechts. Über Jahrhunderte sind Menschen im Namen des Rechts verbannt, gefoltert und getötet worden. Für all dies schien es gute Argumente zu geben. Sie schützten das Selbstverständliche vor der Kritik. Dennoch tauchten plötzlich die Fragen auf: Was gibt uns eigentlich das Recht, Menschen auszustossen, sie zu quälen oder gar zu töten? Nun geschah das Merkwürdige: Keine der möglichen Antworten erwies sich vor der Humanität als zureichend, mit Ausnahme der einen: Nichts berechtigt uns dazu. – Verbannung, Folter und Todesstrafe verschwanden in der Folge vielerorts aus dem Strafrecht.

So wurde die Zone des Selbstverständlichen etwas schmaler. Aber auch sie wird von neuen Fragen bedrängt: Was gibt uns eigentlich das Recht, Menschen dauerhaft oder vorübergehend die Freiheit zu nehmen? Ist die Freiheit denn ein kleineres Rechtsgut als das Leben, so dass man sie im Namen des Rechts entziehen darf? Wir neigen heute noch dazu, diese Frage zu bejahen. Aber wir verstricken uns dabei in schwere Widersprüche und Paradoxien:

Wenn nämlich eine Gesellschaft sich dazu entschlossen hat, kein Verbrechen, wie schwer es auch sei, mit dem Tod zu bestrafen, und keiner Strafe, wie notwendig sie auch sei, unbegrenzte Dauer zu geben, dann rückt aller Strafvollzug unter die Leitidee, den fehlbaren Täter wieder in die Gesellschaft einzugliedern. Strafzeit müsste dann eigentlich als Lernzeit für ein normengemässes Verhalten in der Gesellschaft verstanden werden oder als Lernzeit für den vernünftigen Umgang mit der gesellschaftlich gewährten Freiheit. Aber wie soll ein Straftäter dieses Verhalten erlernen, wenn die Strafzeit ihn von der Gesellschaft absondert und ihm die Freiheit radikal nimmt? Der faktische Strafvollzug widerspricht der Idee, unter die er gestellt ist. Er fixiert auf das Verbrecher-Sein, von dem er trennen müsste. Er schafft die Verbrecher, die er bessern möchte.

Die Paradoxie ist vielleicht unlösbar. Denn der Freiheitsentzug ist auch ein Schutz der Gesellschaft vor den Verbrechern. Um des Schutzes willen greift das Recht zu Strafvollzügen, die den Täter schädigen und die Ausbreitung des Rechts eher verhindern. Deshalb wird auch zur Frage: Was gibt der Gesellschaft überhaupt das Recht zu strafen, falls Strafe den Täter schädigt?

Die einzig unverlogene Antwort heisst wohl: Notwehr. Aber sie vermag nicht zu befriedigen. Denn im Umkreis der Notwehr wird die Rechtspflege selber zur organisierten Gewalt, die sich nur noch als Gegengewalt legitimiert. Sie schiebt ein Problem ab, das ihr bewusst werden müsste: Wie kann die Gesellschaft geschützt werden, ohne dass der einzelne fehlbare Mensch geschädigt wird?

Durch seine Lösung würde die Idee der Strafe vermutlich obsolet. Nur: wir kennen die Lösung nicht. So tun wir im Namen des Rechts vorläufig, was wir im Namen der Humanität schwerlich billigen können. Die Strafe demütigt das Recht.

Der Mord mit dem anderen Namen

Wenn Verbrechen durch ihre Grausamkeit die Empörung des Volks entfachen und durch ihre Arglist zugleich das Gefühl der Hilflosigkeit ausbreiten, dann ertönt auch in unserer Gesellschaft der Ruf nach dem Scharfrichter. Menschen, die bisher in der Abschaffung der Todesstrafe ein Zeichen der Kultur ihrer Nation gesehen haben, wollen plötzlich eben diese Kultur durch den Henker retten. Sie pflegen dann zu sagen: „Ich bin zwar auch gegen die Todesstrafe; aber die nie dagewesene Ruchlosigkeit einiger Verbrecher zwingt sie uns für genau umschriebene, seltene Verbrechen auf." Zu diesen gehören für die einen der Terrorismus, die Geiselnahme und die Flugzeugentführung, für andere der Kindermord, der Polizistenmord oder der qualifizierte Mord überhaupt, noch für andere der Handel mit schweren Rauschgiften, die Verbrechen gegen das Volk oder die Verbrechen gegen die Menschheit. Aus den ganz seltenen Fällen ist unversehens eine stattliche Anzahl von Delikten geworden und aus den genau umschreibbaren Delikten auch solche mit fliessenden Übergängen. Von Empörung zu Empörung werden die Grenzen geändert oder geweitet. Je hysterischer die Hetze im Volk, desto blutiger die Justiz — im Namen des Rechts.

Und doch ist dieser Ruf nicht nur ein hysterisches Geschrei. Alte Wertungen und Überzeugungen liegen ihm zugrunde, die man nicht unbefragt beiseite schieben sollte:

— Ist es nicht „gerecht", dass jeder, der mordet, damit auch sein Leben verwirkt?

— Gibt es nicht Verbrechen von so grosser Abscheulichkeit, dass der Tod als einzige Sühne bleibt?

— Bringt nicht die unmissverständliche Androhung des Todes wenigstens einen Teil der Verbrecher von ihrem Vorhaben ab?

— Ist der Staat auf diese Institution nicht angewiesen, wenn er seine Zwecke auch gegen die inneren Feinde erreichen will?

Das Nein auf diese Fragen ist jung. Aber die Argumente liegen auf seiner Seite:

Alle ernstzunehmenden Kriminal-Statistiken kommen heute zum Schluss, dass die Todesstrafe keinerlei abschreckende Wirkung hat. Wer Kapitalverbrechen begeht, weiss, dass die Strafe auf jeden Fall hart sein wird. Er hofft auf das perfekte Verbrechen oder setzt auf die schlechte Fahndung. So lange die Hälfte der Schwerverbrecher überhaupt nie gefasst werden, ist die Fahndung das weit grössere Problem als die Eventualität eines Rückfalls.

Wie kann es überhaupt „gerecht" sein, einen Menschen durch ein blutiges Ritual vom Leben zum Tod zu „befördern"? Wem widerfährt da Gerechtigkeit? Dem Opfer, das vielleicht schon tot ist, oder dem Täter? Das Opfer hat von diesem zweiten Tod nichts; am Täter aber wird der Tod bloss wiederholt. Mit der Vollstreckung der Todesstrafe wird nichts anderes erreicht, als dass es einen Menschen weniger gibt.

Der Gedanke, dass in dieser Tat etwas wie eine Sühne liegen könnte, ist vollends absurd. Je schwerer ein Verbrechen ist, desto weniger ist es sühnbar. Wenn nämlich das Wort „Sühne" noch etwas Konkretes bedeuten soll, dann muss in ihm der Gedanke der Wiedergutmachung liegen. Aber was ist bei einem Mord wieder gut zu machen? Gar nichts. Die Annahme, dass ein zweiter Tod den ersten sühne, gehört in das Denken der Vendetta, die immer schon die Rache mit der Sühne verwechselt hat.

Weil die Todesstrafe etwas Irreversibles ist, muss man kategorisch gegen sie sein. Die Justiz hat ihre Geschichte der Irrtümer wie die Medizin ihre Geschichte der Kunstfehler. Da der Irrtum aber nie auszuschliessen ist, nicht im Hinblick auf die Tat, und schon gar nicht in Hinblick auf die Motivation der Tat, darf es die Rechtshandlung nicht geben, die jede konkrete Revision ausschliesst. Wer für die Todesstrafe votiert, glaubt letztlich an die Unfehlbarkeit der Justiz. Er ist leichtsinniger, als er ahnt.

Was aber den Staat betrifft und die Notwendigkeit der Todesstrafe zur Erlangung seiner Zwecke, so lehrt uns die politische Geschichte, dass wir seiner Macht misstrauen müssen. Die Akkumulation der Macht, die ihn auch noch zum Herrn über Leben und Tod erhöht, – denn er definiert dann im Gesetz, wer leben darf und wer nicht –, hat ihn in der Geschichte zum grössten Verbrecher schlechthin gemacht. Es ist oft darauf hingewiesen worden, welch immense Opfer der Krieg in der Menschheitsgeschichte gefordert hat. Aber man hat vergessen, dass die Geschichte der politischen Massenmorde, die Liquidierung also von wehrlosen, nicht im Krieg befindlichen Bürgern durch staatlichen Terror und Blutjustiz, nicht weniger Opfer verlangt hat als der Krieg. Vielleicht sind in den letzten 2000 Jahren, den Krieg nicht eingerechnet, etwa 100 Millionen Menschen Opfer der Macht geworden. Das hat z.B. Jakob Burckhardt zur Aussage veranlasst, dass politische Grösse stets mit Verbrechen erkauft wird und dass die Macht an sich böse sei. Vielleicht ist nicht jede Form von Macht böse; aber jede Macht ist böse, die Geborenen das Recht auf Leben absprechen darf.

Es mag grausame Verbrechen geben, Monster an Inhumanität und Perversität; aber sie alle sind doch wenigstens geächtet und sie werden vom Recht verfolgt. Das Verbrechen der Tötung aber im Ritual auch noch zur Gerechtigkeit zu erheben, ist die Pervertierung des Rechts. Denn in diesem Recht gibt der Staat den Menschen in einer konkreten Person auf, für den er doch alles Recht geschaffen hat. Er spricht ihm die Qualität und die Möglichkeit des Menschseins ab. Er definiert ihn als Un-Menschen und macht ihn zum Nicht-Menschen.

Wenn der Staat töten darf — warum darf er nicht schlagen und foltern? Man kann die körperliche Integrität der Bürger nicht schützen, wenn der Staat sie anderswo radikal preisgeben darf. Wer die Todesstrafe akzeptiert, mag vielleicht aus Anstand *noch* nicht foltern; aber logische, zwingende Gründe gegen die Folter wird er nicht mehr finden.

Da die Todesstrafe weder Abschreckung noch Gerechtigkeit noch Sühne noch sonstwie eine staatliche Notwendigkeit ist, bleibt ihr nur ein Titel: Sie ist der blutige Triumph des Rechts: die Manifestation seiner Stärke, die uns glauben machen soll, dass das Recht überall siegt. Es siegt aber als Rache der Ordnung an den fehlbaren Menschen. Im Grunde vergisst die Todesstrafe auch noch die Opfer. Sie ist nur noch Verbrechen in der Position des Rechts: der Mord mit dem anderen Namen.

Für die Abschaffung der Todesstrafe in Kriegszeiten

Während des Zweiten Weltkrieges sind in der Schweiz bekanntlich 17 Todesurteile vollstreckt worden. Man konnte bisher über den Sinn und den Wert dieser militärisch rituellen Erschiessungen kaum reden; denn die Fakten waren unbekannt. So bildete sich, unter dem Schutz des Geheimnisses, ein wohlgehegter Mythos heraus: Wie immer man über die Todesstrafe in Friedenszeiten denken mag – in der Kriegszeit hat sie ihre gute Wirkung getan: sie war ein Instrument zur Feindbekämpfung wie jedes andere, nur wirkungsvoller in der Abrechnung und heilsamer in der Abschreckung. Sie führte die Verräter ihrer einzigen noch möglichen Sühne zu und bewahrte uns vor noch grösserem Schaden. Über ihre Beibehaltung in Kriegszeiten gab und gibt es denn auch einen guteidgenössischen, zum Credo gewordenen Konsens: Der Staat als solcher (und das heisst wohl: jeder Staat) kann auf sie in Extremzeiten nicht verzichten, wenn er sich nicht preisgeben und nicht selber jene verraten will, die bereit sind, für seine Erhaltung ihr Leben zu opfern.

Seit Peter Noll sein Buch über die Landesverräter (Huber Verlag, 1980) veröffentlicht hat, wissen wir es besser. Die Verhängung und Vollstreckung dieser Todesurteile war um nichts weniger problematisch als Todesurteile in Friedenszeiten. Ihr Rechtswert war äusserst fraglich und ihr Abschreckungswert ist durch nichts gesichert. Von ihrem Sühnewert aber könnte man nur im Rahmen einer Metaphysik sprechen.

Warum soll ihr Rechtswert so fraglich sein? Das liegt nicht etwa an der Vernachlässigung der Sorgfaltspflicht durch eine für bürgerliche Verhältnisse rasch arbeitende Justiz, sondern am Ermessensspielraum und damit auch an der nicht zu umgehenden Willkür, die in fast allen Fällen eine grosse Rolle gespielt haben. Dieser Umstand hängt mit dem militärischen Geheimnis-Begriff zusammen. Die Militär-Justiz unterscheidet nicht grundsätzlich zwischen dem Ist-Geheimnis und dem Soll-Geheimnis. Ein Ist-Geheimnis ist ein Sachverhalt oder eine Information, über die nur ein geschlossener Personenkreis Bescheid weiss. Jedes Mitglied dieses Kreises ist Geheimnisträger im strengen Sinn. Wer plaudert, verrät das Geheimnis. – Ein Soll-Geheimnis dagegen ist ein Sachverhalt oder eine Information, die im Prinzip allen, auch dem Feind, zugänglich sind, obwohl man möchte, dass sie es in dieser Situation nicht wären. Soll-Geheimnisse sind „offene" Geheimnisse und damit Information, über die der Feind höchst wahrscheinlich schon Bescheid weiss oder über die er sich durch Reisen, Kauf und Lesen informieren könnte.

Was wird denn durch die Zulieferung eines Artilleriegeschosses verraten, das der Gegner längst bis ins Detail kennt, und was durch Informationen über den Ort von Tanksperren, auf die jeder beliebige Reisende stossen kann? Doch wohl nichts. Was also wird hier abgeurteilt? Nicht mehr der Geheimnisverrat als solcher, sondern der Wille zu ihm und die dahinter steckende Gesinnung. Der Wille mag strafwürdig sein. Aber durch den Tod? – Mehrere Todesurteile aber wurden wegen Verrat von Soll-Geheimnissen vollstreckt, im Ermessen der verräterischen und üblen

Gesinnung des Täters. Die Unvereinbarkeit von solchen Urteilen und ihrer ermessenden Gewichtung mit einem absoluten Akt, an dem nichts rückgängig zu machen ist, müsste doch in die Augen springen, und das selbst in finsteren Zeiten. Wenn aber so wenig am Tatbestand und so viel an der Gesinnung und am richterlichen Ermessen liegt: *wer* kommt dann dran? Ich sage nicht: nur der Kleine, aber der Kleine leichter und schneller. Und *wann* kommt er dran? Wenn ein Exempel statuiert werden soll – im Namen der Abschreckung. Eine Justiz, die Exempel statuiert, hat aber die Idee des Rechts verlassen, auch wenn sie es rechtens tut.

Dass es mit der Abschreckung so weit nicht her sein konnte, lässt schon eine kleine Statistik vermuten: Im Spätjahr 1942 wurden drei Todesurteile vollstreckt, 1943 sechs und 1944 acht. Natürlich ist das kein hinreichender Indikator. Man müsste auch der Tat-Zeit der Delikte nachgehen und ebenso der Frage, wie viele von den 430 insgesamt wegen Geheimnisverrat verurteilten Personen vor schweren und wie viele andere überhaupt vor Delikten zurückgeschreckt sind – wegen der Todesdrohung. Das bleibt letztlich unerforschbar, und so wird vermutlich im militärischen Strafbereich das Credo der Abschreckung erhalten bleiben, obwohl es im bürgerlichen Recht längst gefallen ist. Man müsste indes immerhin an die Realität der Kriegszeiten denken: warum soll gerade in ihnen der rechtliche Tod abschrecken, wenn doch das Gemetzel allgegenwärtig ist?

In eine andere Ordnung des Denkens gehört freilich das kategorische Nein zur Todesstrafe:

Je schwerer ein Verbrechen ist, desto weniger ist es

sühnbar, auch durch den Tod.

Wer den Tod über andere verhängt, stellt weder die Ordnung des Rechts noch die der Sittlichkeit wieder her, sondern führt die mörderische Ordnung des Verbrechens fort.

Kein absoluter Akt gegen das Leben eines Menschen kann mit Argumenten des Ermessens und der Nützlichkeit verrechnet werden.

Man mag antworten, dies sei Metaphysik. Aber wenigstens rationale. Das Verhängen und Vollstrecken des Todes bleibt dagegen ein irrationaler Akt, weil wir nicht wissen, was der Tod ist, und somit auch nicht, worin die Strafe besteht. Die ratio spricht in jedem Fall gegen sie.

Mir scheint deshalb, wir sollten diese irrationale und im Prinzip inkommensurable Strafe auch aus dem Militärstrafrecht verbannen. Wer geltend macht, dass dies ein Staat nicht tun könne, müsste zur Kenntnis nehmen, dass es in Westeuropa 9 Staaten bereits getan haben. Unter ihnen sind einige, die mit der Todesstrafe mehr Erfahrung hatten, besonders in Kriegszeiten, als wir und die eben deshalb von ihr abgekommen sind.

Der Friede des Krieges und der Krieg des Friedens

Eigentlich gehen die Männer in die Armee, um den Krieg zu erlernen; aber sie erlernen meist, wie man Frieden findet.

Welchen Frieden finden sie im Erlernen des Krieges? – Den Frieden des Krieges.

Dieser Friede ist die Herrschaft der Strukturen: die Schichtung der Welt in Obere, denen man gehorcht, Untere, denen man befiehlt, und in Gleiche, mit denen man beinahe das Gleiche erlebt und erträgt.

Dieser Friede ist die Macht der Symbole: der auf Befehle verkürzten Sprache, die – barsch, hart und laut – so eindeutig ist, dass es keines Gesprächs bedarf; der Uniform, die alle Individualität zurücknimmt und damit von der Verantwortung entbindet; der kurzen Haare, die das Gesicht weder verbergen noch verwandeln, sondern die Konturen des Schädels entschlossen hervortreten lassen.

Dieser Friede ist die Herrschaft über den Zweifel: der Verzicht auf die Frage nach dem Zweck; der Glaube, dass man sich geopfert hätte, und der Stolz, dabei gewesen zu sein, als es so ernst war, dass es fast ernst war.

Da im Erlernen des Krieges dieser Friede wächst, ist jeder Soldat bei der Entlassung ein wenig friedlicher als beim Einrücken:

Er ist befriedeter mit der Gesellschaft; denn wie sollte er gegen das kämpfen, wofür er doch beinahe geblutet hat?

Er ist versöhnter mit der Ordnung; denn wie könnte er die Schichtung der Welt verwerfen, da er doch erlebt hat, wie gut es funktioniert, wenn die Einen ganz befehlen und die Andern ganz gehorchen?

Er ist einverstandener mit dem Besorgen der Zukunft; denn wie dürfte er bezweifeln, dass all das, was schon immer so war, auch immer so sein wird: die Feinde, die Rüstung, der Krieg?

Gewachsen ist so der Friede durch Integration in die Gesellschaft. Und diese entschädigt durch die Achtung und Auszeichnung des Soldaten:

Der Soldat hat bewiesen, wozu er fähig ist, wenn es drauf ankommt. Das Symbol, das dies bezeugt, ist seine Montur. „Montur", das alte Wort für Uniform und Ausrüstung, kommt von „monter". „Monter" heisst „steigen" und „hinaufbringen". Die Montur hat ihn hinaufgebracht. Von diesem Aufstieg weiss er unerschöpflich zu erzählen. Unter Kameraden darf das leger geschehen – lachend, wenn auch nie ganz ironisch. Man weiss ja ...; aber man weiss auch, was man sich und der Institution schuldet. Ausserhalb bleibt der Ernst ganz gewahrt, z.B. in den Erzählungen für die Kinder, die alles Soldatische als Symbol des Erwachsen-Seins sehen und es so ungeteilt bewundern, oder in den Erzählungen für die Frau, die das Soldat-Sein respektiert als Erbe einer mythischen Arbeitsteilung: sie kann gebären und er kann töten. Wer indes dabei war und nie verloren hat – vielleicht weil er nie kämpfen musste –, aber doch so dasteht, als ob er gekämpft hätte, der gilt immer als Sieger. Die Gesellschaft bewundert die Sieger und der Sieger sich selber. Und genau dies ist die Entschädigung, die der Mann braucht: dass er wenigstens an einer Stelle öffentlich als Sieger gelten darf, inmitten einer Ordnung, die viele Verlierer schafft.

Eigentlich gehen die Männer in die Armee, um den Krieg zu erlernen; aber sie erlernen meist, wie man Frieden findet. Dieser Friede ist die als Überhöhung seiner selbst erlebte Unterwerfung unter die Herrschaft der Strukturen und der Symbole. Es ist nur der Friede des Krieges; aber er hilft, den Krieg des Friedens zu ertragen.

Zur Psychologie des Haare-Abschneidens

Ein Divisionsgericht hat dieser Tage den 28jährigen Soldaten Peter S. zu 10 Tagen Gefängnis unbedingt verurteilt, weil er sich geweigert hatte, seine Haare, die angeblich 8 cm zu lang waren, schneiden zu lassen.

Der Fall könnte in einem Gelächter untergehen, wenn er nicht ziemlich lehrreich wäre. Nachdem man nämlich den Ärger und den Hohn einmal losgeworden ist, beginnt man sich einige Fragen zu stellen:

Wo gibt es überhaupt den Zwang zu kurzen Haaren? Entspringt er einem rational begründbaren Zweck? Oder birgt er vielleicht bestimmte Symbolwerte in sich? Fördert die Kurzhaarigkeit ein gewisses Lebensgefühl? Ist deshalb die Institution der Armee in einem psychologischen Sinn auf sie angewiesen?

Den Zwang zu kurzen Haaren gibt es heute in den christlichen Orden, in allen Gefängnissen, in vielen Armeen, in stark militärisch motivierten Diktaturen und, scheinbar unverständlich, in der Selbstdarstellungs-Kommune des Otto Mühl. Wahrscheinlich haben so verschiedene Institutionen auch verschiedene Motive zu diesem Zwang.

Im Hinblick auf die christlichen Orden ist vorerst auffällig, dass kein einziger die nazarenische Haartracht übernommen hat, an der Jesus durch die Jahrhunderte kenntlich gemacht worden ist. Vielmehr haben alle die Kurzhaarigkeit eingeführt.

Was steckt dahinter? – Sind Haare vielleicht Symbole des Tierischen, weil Tiere behaarter sind als Menschen? – Sind sie Symbole des Triebhaften, weil sie die Partien der Geschlechtsorgane bedecken? — Sind sie Symbole der individuellen Eitelkeit, weil sie Pflege verlangen? Oder sind sie Symbole der Weltverfallenheit, weil sie als Haartracht oft eine soziale Stellung anzeigen? — Vermutlich sind sie für das christliche Bewusstsein all das ineins. Sie abzuschneiden, ist deshalb ein Symbolakt ersten Ranges, nämlich der Abschied von der Welt, der Geschlechtlichkeit und der eitlen Subjektivität. Der kahle Kopf wird zum Symbol von Askese und Disziplin, die ihre Würde dadurch haben, dass sie vom Mönch gewählt worden sind.

Ähnlich in der Symbolik, aber doch ganz anders in der Wertung, ist die Kahlköpfigkeit des Gefangenen. Auch sie symbolisiert zwar Askese, aber nun nicht als Verzicht auf Freiheiten, sondern als Verlust von Rechten. Das Abschneiden der Haare wird dadurch zum Akt der Entehrung und Ausstossung, der Strafe und Demütigung.

Neben diesen asketischen Symbolen liegen im Haare-Abschneiden noch andere:

Haare sind eine Kopfbedeckung. Unter ihr bleibt die Kopfform weitgehend verborgen, und das Gesicht nimmt, je nach der Frisur, verschiedene Formen an. Haare sind insofern eine natürliche Maske.

Wer die Haare abschneidet, lässt die Maske fallen. Die Konturen des Schädels treten hervor, die Form des Gesichts wird unveränderbar, der Kopf ist gleichsam nackt und schutzlos, preisgegeben, ausgesetzt als der, der er ist. Das Abschneiden der Haare ist somit ein Akt der Entbergung und Auslieferung. — In dieser Funktion ist er Zwang in den Selbstdarstellungs-Kommunen von Otto Mühl.

Indem aber die Konturen des Schädels hervortreten und das Gesicht die Veränderbarkeit der Formen verliert, wird gleichsam die Härte des Kopfes sichtbar. Etwas Definitives, Entschlossenes, Kompaktes, Martialisches bringt sich zum Ausdruck – ein Zug, den man braucht, um rücksichtslos kämpfen zu können.

Vielleicht ist das Haare-Abschneiden der Soldaten eine komplexe Symbol-Handlung, die sich aus all diesen Elementen zusammensetzt:

Sie ist der Anfang der soldatischen Disziplin und Askese, die Auslieferung der Person in ihrer „Nacktheit", der Raub ihrer Individualität und die Härtung ihrer Physiognomie zur Entschlossenheit. Als Zwang zu all dem aber ist sie die Entrechtung und Erniedrigung des Subjekts, ohne die es weder in Viererkolonnen gehen noch auf Befehl töten kann.

Warum also muss in dieser Militär-Demokratie Peter S. für 10 Tage ins Gefängnis? Nicht aus blosser Schikane, wie es zuerst scheinen mag, sondern weil er sich einem Ritus verweigert hat, dessen die Armee bedarf, um der Verwendbarkeit ihrer Soldaten sicher zu sein.

Aus dem Helvetischen Katechismus der Gewalt

Bekenne Dich zur Gewalt und handle danach — und Du bist ein Staatsfeind.

Bekenne Dich zur Gewaltfreiheit und handle danach — und Du bist ein Staatsfeind.

Bekenne Dich zur Gewalt oder zur Gewaltfreiheit und handle danach — und Du bist ein Staatsfeind.

Es sei denn, Du tust beides zur rechten Zeit — dann bist Du ein rechter Demokrat.

Zum Beispiel:

Wenn es um die Militärkredite geht, um die Dienstverweigerer und um den Zivildienst, dann bekenne Dich zur Gewalt — und Du bist ein Demokrat. Falls Du aber die Gewaltfreiheit wählst und danach handelst, bist Du ein Staatsfeind.

Wenn es um politische Demonstrationen, um Systemveränderung und Wirtschaftskontrolle geht, dann bekenne Dich zur Gewaltfreiheit — und Du bist ein Demokrat. Falls Du aber die Gewalt wählst, bist Du ein Staatsfeind.

Denn:

Die Gewalt im ersten Fall musst Du wählen, weil sie ein Schutz ist gegen die Gewalt von aussen, die immer gegeben ist.

Die Gewaltfreiheit im zweiten Fall musst Du wählen, weil sie ein Schutz ist für unsere innere Gewaltfreiheit, die immer gegeben ist.

Verstehe von diesen Sätzen her Dein Vaterland und handle danach:

Wähle nach *innen* die Wirklichkeit der Gewaltfreiheit, weil unser politischer Fortschritt, unser System und unsere Wirtschaft immer schon gewaltfrei sind, falls wir sie nicht selber zwingen, anders zu sein, als sie sein möchten. Damit sie aber bleiben können, was sie sind, halte Dich an folgende Gebote:

Du sollst an politischen Demonstrationen weder Dich bewaffnen noch Dich vor der bewaffneten Polizei schützen; denn sonst muss diese Gas, Wasser, Geschosse, Knüppel und Hunde verstärkt einsetzen.

Du sollst das System weder durch die Gewalt von Waffen noch durch die von Worten bedrohen; denn sonst muss dieses zur Gewalt gegen Dich greifen.

Du sollst die Wirtschaft weder kontrollieren noch sie mit falschen Lehren oder mit Streiks gefährden; denn sonst muss sie ihren Druck verstärken.

Wähle nach *aussen* die Möglichkeit der Gewalt, weil die Anderen die Gewalt schon gewählt haben. Sie haben die Gewalt aber gewählt, weil sie nicht sind wie wir. So lange die Anderen die Anderen sind, halte Dich an folgende Gebote:

Du sollst nicht gegen Militärkredite noch gegen irgendwelche Ziele der Armee opponieren; denn Neutrale dürfen erst als Letzte abrüsten.

Du sollst den Wehrdienst leisten; denn jeder Soldat, der bei uns ausfällt, macht den Feind um einen stärker.

Du sollst den Zivildienst verwerfen; denn allein die Armee sichert den Frieden der Welt.

Der tugendhafte Demokrat wählt dann die Wirklichkeit der Gewaltfreiheit nach innen am entschiedensten, wenn er an der Gewaltfreiheit des Systems nie zweifelt.

Der tugendhafte Demokrat wählt dann die Möglichkeit der Gewalt nach aussen am entschiedensten, wenn er an der Drohung von aussen nie zweifelt.

Wenn Du diese Sätze verstehst, wirst Du die Freiheit Deines Vaterlandes verstehen.

Dann bekenne Dich zur Gewaltfreiheit und handle danach — und Du bleibst ein Demokrat.

Bekenne Dich zur Gewalt und handle danach — und Du bleibst ein Demokrat.

Zu allem darfst Du Dich bekennen und nach allem darfst Du handeln in *der* Freiheit, die Dein Vaterland Dir schenkt.

Lebensqualität als Kosmetik

Das Wort „Lebensqualität" verdankt seine Schlagkraft einer verbreiteten Erfahrung: Das Mehr an Lebenszeit, an Freizeit, an Konsumgütern, an Geld, an Information, an Kenntnissen und Können, über das wir heute verfügen, hat unser Leben weder geborgener noch freier noch sonstwie glücklicher gemacht. Vielmehr ist es durch Naturzerstörung und Krieg bedrohter denn je, durch die Stereotypien der Vergesellschaftung eingeschränkter in den Entwicklungsmöglichkeiten und durch die Inhumanität des Alltäglichen: der Arbeitsprozesse, der Siedlungen und der Kommunikationsformen, vom Wohlbefinden weiter entfernt. Lebens*quantität* ist auf Kosten von Lebens*qualität* gestiegen. Folglich, so hat man aus dieser Erfahrung geschlossen, müssen wir *das* entdecken und pflegen, was die Gefährdung des Lebens verringert, was seine Entwicklungsmöglichkeiten erhöht und das Wohlbefinden vergrössert. Dadurch nimmt die Lebensqualität zu.

All das leuchtet ein. Aber der Befund und der gute Wille genügen zur Veränderung nicht. Die Vorherrschaft der Quantität über die Qualität hat in unserem Kulturraum tiefgreifende Ursachen, die nicht durch kurze Programme behoben werden können. Die Hauptursachen scheinen mir zu sein: Die Hybris der Kultur im Verhältnis zur Natur, der gesellschaftliche Vorrang des Habens vor dem Tun und dem Sein und die Vorherrschaft der Quantität in der wissenschaftlichen Weltauslegung.

Möglicherweise hängen die drei zusammen:

Als der Mensch zu entdecken glaubte, dass er mehr ist als bloss Natur, nämlich ein Wesen, das erkennt und zweckmässig handelt und dadurch eine Kultur schafft, war die Abwertung, ja die Verachtung der Natur die Folge. Natur galt nun als das Niedere, dessen totale Beherrschung gleichsam der göttliche Auftrag an den Menschen zu sein schien. Je mächtiger jemand über die Natur war, desto mehr galt er als Mensch. Dieses Mass aber zeigte sich konkret in der Grösse der Felder und der Herden, über die er verfügte. Eigentum und Verfügungsgewalt wurden zum Signum der personalen Würde.

In der Konsequenz dieser Wertung aber lag das Immer-mehr-haben-Wollen: die vernunftlose Ausbeutung von Natur und Mensch, um dadurch als Mensch zur Geltung zu kommen. Besitz verband sich mit Macht, und von dieser Verbindung her wurden die Strukturen der Gesellschaft geprägt. Arbeit, Geltung und Rang standen unter der Vorherrschaft des Eigentums, und dieses war als Wert quantifiziert.

Die spezifisch modernen Formen der Naturbemächtigung, Wissenschaft und Technik, erhoben schliesslich die Vorherrschaft der Quantität zur geistigen Tugend schlechthin. Als exakt galt und gilt das in Mass und Zahl Ausgedrückte. Qualität interessiert nur, sofern sie in Quantität verwandelt werden kann. Wo das nicht möglich wird, ist sie kein würdiger Gegenstand exakter Forschung. Neuzeitliche Wissenschaft ist ihrem Wesen nach qualitätsvernichtend. Sie reduziert die Wirklichkeit auf ihre quantifizierbaren Faktoren.

Wenn das stimmen sollte, hätte eine Kultur der Lebensqualität erst dann eine Chance, wenn eine neue

Naturphilosophie die Stellung des Menschen in der Natur aus der alten Hybris befreit; wenn Formen der Vergesellschaftung entwickelt werden, die nicht mehr unter der Vorherrschaft des Habens und Besitzens stehen, und wenn die Verwissenschaftlichung der Welt ein Korrektiv erhält durch eine Weltauslegung, die den Sinn für das Eigene der Qualitäten fördert.

Wir haben von all dem Ansätze, aber nicht mehr. Noch sind die Bemühungen um die Lebensqualität Versuche der Kosmetik in einer quantifizierten Welt.

Auf der Suche nach einer Ethik des Weltfriedens

Noch nie war die *ganze* Welt in *ein* Kriegsgeschehen einbezogen und noch nie ging der Friede über lokale Waffenstillstände und einige Friedensinseln hinaus. Im strikten Sinn gab es bisher keinen Weltkrieg und keinen Weltfrieden. Die Entwicklung der Verkehrs-, der Nachrichten- und der Kriegstechnik aber lässt uns befürchten, dass der nächste grosse Krieg ein Weltkrieg werden könnte — und eben diese Befürchtung zwingt uns, den Weltfrieden zum vorrangigen Ziel aller Weltpolitik zu machen.

Für den möglichen Kriegsfall ist heute ein Arsenal an konventionellen Waffen und an Massenvernichtungswaffen gelagert, das unsere Vorstellungskraft übersteigt. Theoretisch könnte die ganze Menschheit je mit nuklearen, mit chemischen und mit biologischen Waffen vielfach vernichtet werden. Einen besseren Einfall, als den Frieden durch weitere Aufrüstung zu „sichern", hatten die Mächtigen der Welt noch nicht, obwohl alle fürchten, dass dieser „Friede durch Abschreckung" im Schrecken enden könnte. Da man aber die Apokalypse nicht an der Wurzel bekämpfen *will,* setzt man, in der organisierten Not, verzweifelt auf die Verharmlosung der Gefahr — als ob noch einmal ein konventioneller oder ein begrenzter „Weltkrieg" möglich wäre, noch einmal ein Sieg für eine Partei, noch einmal ein Nachher in einer erträglichen Welt. Das aber ist nicht eine Hoffnung, sondern ein Selbstbetrug. Der nächste Krieg muss zwar nicht stattfinden. Ob er begonnen wird (er kommt nicht von selbst), wissen wir nicht. Aber das eine können wir jetzt schon mit Sicherheit sagen: Wenn die Grossmächte ihn vom Zaun brechen oder in ihn hineinschlittern, wird er das Ende des wissenschaftlich-technischen Zeitalters bringen — vielleicht nicht die Vernichtung allen Lebens und aller Menschen, aber den Tod unserer Kultur.

Auf lange Sicht wird sich diese Katastrophe allein durch militärische und politische Schachzüge nicht verhindern lassen. Erst eine Ethik des Weltfriedens gibt dem politischen Weltfrieden eine verlässliche Chance. Über die Möglichkeiten einer solchen Ethik aber sind wir weltweit ratlos. Sie zu entwickeln, ist die dringendste philosophisch-politische Aufgabe unserer Zeit.

Ich sehe drei Stufen einer künftigen Ethik des Weltfriedens:

Vorab muss weltweit ein Minimal-Konsens darüber gefunden werden, was auf jeden Fall zu verhindern ist. Diese Ethik wider die Apokalypse orientiert sich an den realen apokalyptischen Möglichkeiten unserer Zeit: Wir können den Planeten unbewohnbar machen; wir können durch ziellose Vermehrung den Menschen zum Krebsgeschwür der Erde machen; wir können die Freiheit des Menschen durch wissenschaftlich-technische und durch hegemoniale und ökonomische Manipulation zerstören u.a.m. Der minimale Konsens wider die Apokalypse sagt nicht mehr, als dass all dies nicht sein soll. Er lässt sich auf den Imperativ bringen: Handle jederzeit so, dass die Folgen deines Handelns die Apokalypse nicht herbeiführen. Er ist ein kategorischer Imperativ der Verhütung, vorab für Politiker, Wissenschafter und Techniker, dann aber auch für alle Menschen, sofern ihr Handeln eine grosse Reichweite hat. Sein Nein lebt nicht aus der blossen Negation, sondern gründet in einem Ja zur Welt, zur Freiheit und zur Einordnung der Menschheit in den Lebensraum der Natur.

Die negative Ethik der Apokalypse mündet so in eine positive Ethik einer visionären utopischen Welt. Im Hinblick auf sie ist der Konsens nicht zwingend erreichbar. Denn jede positive Ethik wird mit aus subjektiven Glücksvorstellungen geprägt. Aber einig werden kann man vielleicht über einige Grundwerte, auf die hin es sich zu leben lohnt: die Gerechtigkeit, die Freiheit, die Würde, die Solidarität, die Pflege der Natur und die Lebensqualität in ihr für alle Wesen, die empfinden.

Gemessen an unserem bisherigen Sozialverhalten verlangt diese utopische Welt ein derart radikales Umdenken und so andere Formen des Zusammenlebens, dass wir ein grosses Experimentierfeld einräumen müssen, in dem kleinere Sozietäten bereits innovativ leben dürfen, obwohl noch keine neue Ethik Weltgeltung hat. Hier sehe ich die sozial-ethische Funktion der ganzen Alternativ-Bewegung. Sie ist durch den Schock der bereits sichtbaren Apokalypse geweckt und auf die Regulative von noch nicht allgemeinen utopischen Welten ausgerichtet. In ihr wird Gemeinschaft aus jenen Grundwerten erprobt, ohne die der Weltfriede nur ein anderer Friedhof wäre.

Die Ethik des Minimal-Konsens lässt sich vielleicht als Wissenschaft zwingend erstellen. Die visionäre Ethik der lebenswerten Welt lässt sich nur erträumen und erhellen. Die ganz und gar existentielle Ethik des alternativen praktischen Vollzugs lässt sich in Gruppen leben. Wenn also die Architektonik dieser dreifachen Ethik auch in die fernste Zukunft weist, so kann und muss doch mit ihrer Verwirklichung hier und jetzt begonnen werden; denn die Möglichkeit der Apokalypse ist da und alternatives Leben ist schon erprobbar. Die Herbeiführung einer menschenfreundlichen Welt aber wird ein unabschliessbarer ethisch-politischer Prozess bleiben, der dann die grösste Chance der Annäherung an ein gemeinsames Ziel hat, wenn dieses nicht mit der Würde von Einzelnen, von Gruppen oder von ganzen Völkern erkauft wird. Die Unterdrückung auch nur eines Menschen ist insofern eine Sabotage am möglichen Frieden der Welt, wie die Ausbeutung ganzer Völker und ganzer Kontinente ein Attentat auf ihn ist – nicht minder als der Wahnsinn der Rüstung und die Prostitution der Wissenschaft in ihrem Namen.

Uns reicht's

Nach 35 Jahren Waffenstillstand in Europa haben wir plötzlich wieder Angst vor einem Krieg.

Drei Gründe lassen uns fürchten: Ein Krieg aus Versehen könnte ausbrechen, gleichsam nachts, wenn die Politiker schlafen. Die Grossmächte könnten ihre eigene Logik vergessen und dem Wahn erliegen, ein begrenzter Krieg zwischen ihnen sei noch möglich. Die ideologischen Systeme beiderseits könnten sich, angesichts ihres drohenden Bankrotts, wie universal erweiterte Selbstmörder verhalten, die alles in ihren Untergang mitreissen, vor allem ihre Freunde, aber auch den Rest der Welt. Wir fürchten den Wahn der Politiker ebenso wie ihre Verkennung der eigenen Logik und die ins Irrationale überspitzte Rationalität der hochtechnisierten Kriegs-Maschinerie.

Die neue Welle der Aufrüstung, gigantischer als jede andere zuvor, scheint selber nur noch eine Ausgeburt des Wahns zu sein. Was sollen immer neue Waffensysteme, wenn die alten längst zur Vernichtung jedes Gegners auch im zweiten Schlag ausreichen? Man kann den Feind nicht mehr als einmal vernichten. Aber man kann Waffenarsenale anhäufen, als ob man ihn tausendmal vernichten müsste. Bloss: Wer das tut, lebt in einem Wahn, und sein nächster Schub kann für uns alle der letzte sein.

In dieser verzweifelten Lage gibt es vor allem drei Opfer: die Völker, die diesen Krieg um keinen Preis möchten; die Verbündeten der Grossmächte, die in ihn hineingezwungen werden könnten, und schliesslich die Kleinstaaten, die von der Mitbestimmung der grossen Politik ausgeschlossen sind, sie aber zu erleiden haben. Die Neutralität schützt uns zwar vor dem Zwang der Freunde; aber als Volk und als Kleinstaat sind wir unter den Opfern — und das reicht.

Es ist Sache der möglichen Opfer, gegen den Wahn anzukämpfen. Was können sie tun?

Der einzelne Bürger scheint unter ihnen am meisten von der Ohnmacht geschlagen zu sein. Das ist nur so lange wahr, als er zwei Dinge unterschätzt: die Wirkungsmöglichkeit der Zivilcourage Einzelner und das Gewicht der Masse.

Wenn viele Einzelne es wagen, nicht zu schweigen, sondern den Wahnsinn einen Wahnsinn zu nennen; und wenn zugleich die Massen unübersehbar ihr Nein *demonstrieren*, dann wird, auf längere Sicht, kein Politiker nicht aus dem Schritt kommen. Die Friedensbewegung *hat* eine Chance, wenn sie einerseits wirklich zur Massenbewegung wird, aber andererseits die Stimmen findet, die kein Gegner überhören kann. Die Macht fürchtet beides: die Gegen-Macht der Massen und die Gegen-Autorität Einzelner, und beide müssen sich miteinander verbünden.

„Denk Dir, es gibt Krieg, und keiner geht hin", so lautet ein witziger Slogan unserer Tage. Er übersieht vielleicht, dass die blosse Verweigerung den hoch-automatisierten Krieg noch nicht blockiert. Aber er weist auch auf die Dialektik aller Beherrschungs-Macht. Selbst der Diktator, ja er vielleicht am meisten, bleibt von der Masse abhängig. Seine Macht dauert so lange, als er ungefähr das tut, was die Masse noch ertragen kann. Er ist als ihr Herr auch ihr Knecht, und er weiss dies. Nur darum kann er das Nein nicht beliebig unterdrücken.

Wichtig scheint mir zu sein, dass die Massen in den einzelnen Ländern ihren Druck auf jene Instanzen richten, die ihn wirklich fürchten: auf ihre *eigenen* Regierungen. Es bringt nicht allzu viel, wenn wir gegen Herrn Weinberger protestieren. Sein Zynismus lässt uns grüssen. Wir müssen *unserer* Kriegsbereitschaft das Nein entgegenhalten, und das werden unsere Politiker und Militärs nicht überhören können. Aber dann ist es ebenso wichtig, dass wir uns weltweit verbinden mit allen, die den Krieg nicht wollen. Das Interesse an seiner Vermeidung ist grösser als jedes ideologische Interesse, und das muss allen Politikern klar werden.

Schwieriger haben es die Freunde der Grossmächte; denn sie sind meist auf Gedeih und Verderb an ihre „Beschützer" gebunden. Sie sind als Partner zwar nicht ohne Stimme, aber nahezu ohne Entscheidungsmacht. Ihre Repräsentanten können an die Grenze kommen, wo sie wählen müssen zwischen dem Opfer des eigenen Volks und der Treue zum Verbündeten. An dieser Grenze stehen heute die beiden Deutschland, beide bemüht, Verlässlichkeit zum Partner mit der Verpflichtung zum eigenen Volk in Einklang zu bringen. Vielleicht ist dies angesichts der Apokalypse nicht durchzuhalten, jedenfalls dann nicht, wenn der grosse Bruder die Rolle des Opfers dem Freund zuschiebt. Mir scheint die Neutralisierung der Quasi-Vasallen und darin die Wiedergewinnung ihrer Autonomie eher eine Strategie des Friedens zu sein als die Verpfändung der eigenen Völker im Namen der Treue. Die wirklich Betroffenen, die Völker der Freunde, haben die Rolle des Opfers nicht gewählt.

Kleinstaaten ausserhalb der Bündnisse, Neutrale, müssten es eigentlich leichter haben, wenn sie nur nicht zu dogmatisch neutral wären. Dogmatisch neutral sind sie dann, wenn sie behaupten, dass ihr Status der immerwährenden Neutralität zu einem Optimum der Bewaffnung zwingt, von dem sie als letzte heruntersteigen dürfen, nachdem alle anderen schon abgerüstet haben. Genau dies ist die Doktrin unserer Politiker und Militärs. Und sie pflegen diese wie folgt zu begründen: Solange wir glaubhaft jeder Macht zeigen, dass niemand durch unsere Schwäche seine Macht leicht ausweiten kann, sind wir als Neutrale respektiert. Sobald wir durch unsere Schwäche aber uns als Beute anbieten, sind wir eine ständige Versuchung zur Machtausweitung für andere – eine objektive Gefahr für den Frieden. Deshalb zwingt uns das Völkerrecht zu Bewaffnung und Stärke. Die militärische Abschreckung ist die internationale Rechtfertigung unserer Neutralität und zugleich der Fels unserer Sicherheit.

Das mag nicht falsch sein – solange nicht von der möglichen Apokalypse durch einen Krieg die Rede ist. Wenn freilich, als neue Dimension eines Krieges, der Untergang Europas droht, ist die Frage nach dem Sinn der Bewaffnung neu zu stellen.

Von dieser Dimension her liesse sich gegen das Modell der Abschreckung sagen:

Nichts beweist uns, dass der bisherige Waffenstillstand eine Frucht der Abschreckung ist. Dies ist lediglich eine Annahme und eine der Möglichkeiten, den Nichtkrieg zu verstehen. Sicher ist aber, dass uns die Spirale der Abschreckung wiederholt an den Rand eines Krieges gebracht hat, wie auch heute. Die Logik der permanenten Aufrüstung liegt nicht im Verzicht auf den Gebrauch der Waffen, sondern in ihrem möglichen Einsatz. Es ist nicht anzunehmen, dass, wenn Europa einmal ein einziges Nagelbrett von Raketen ist, sich die Fakire der Gewalt dann darauf setzen, um den Frieden zu beraten. Vielmehr gilt die Gleichung: Je mehr Waffensysteme, desto näher die Möglichkeit des Inferno. In ihm werden die Kleinen bei den Toten sein, wie übrigens auch die Grossen. Was soll es also noch? Wenn du den Krieg willst, so bereite den Krieg vor; wenn du ihn nicht willst, so bereite den Frieden vor.

Überdem ist die Lage in Europa für uns anders als vor dem Zweiten Weltkrieg. Wir haben keine Nachbarn, die uns einstecken möchten, wenn es nur leicht ginge. Es sind die grossen Haie, die wir fürchten und gegen die kein kleiner Fisch mehr ankommt. Wir müssen uns deshalb neue Verhaltens-Modelle ausdenken:

Das erste geht von der Möglichkeit eines Weltkrieges aus, der uns ebenso in Mitleidenschaft zieht wie die anderen Völker. Wenn es zutrifft, dass wir dabei keine Chance haben, verschont zu bleiben, und keine Chance, als Kleinstaat zu siegen, dann könnte die Armee immer noch einen Sinn haben als gut organisierte Katastrophenhilfe, die vielleicht das Überleben eines Teils der Bevölkerung zu sichern vermag. Ihre Funktion wäre nun ausschliesslich eine Dienstleistung am Volk, für die sie keine Kanonen braucht, aber eine ingeniöse Logistik zum Schutz und zur Versorgung der Bevölkerung unter schwierigsten, kaum auszudenkenden Bedingungen. Die Armee wird zum systematisch trainierten Zivilschutz und darin zu einer Hoffnung auf das Überleben.

Ein anderes Modell verbindet die Möglichkeit der künftigen Apokalypse mit der bisherigen Geschichte der Menschheit und dem gegenwärtigen Weltzustand. Es sagt etwa: Die bisherige Geschichte als Kriegsgeschichte hat uns heute an den Rand des Abgrunds gebracht, in den wir vielleicht gestossen werden. An ihm kann ein Kleinstaat bestenfalls noch ein Zeichen für die anderen Völker werden, dass ein neuer Weg möglich wäre. Wir entscheiden uns deshalb einseitig für die totale Abrüstung und damit für einen Pazifismus, der nicht nur glaubhaft macht, dass wir niemals angreifen werden, sondern auch, dass wir keinen Krieg, auch keinen Verteidigungskrieg, mehr führen werden. Wenn Krieg nur noch Vernichtung bedeutet, ist seine Vorbereitung in jeder Form ein sinnloses Verbrechen.

Das Schutz-Modell argumentiert selber strategisch. Seine Schwäche liegt in der Voraussetzung, dass der nächste Krieg noch Überlebende zurücklässt. Das pazifistische Modell argumentiert nur noch moralisch. Seine Schwäche liegt in der bisherigen Unterlegenheit der Moral gegenüber den Strategien der Macht; seine Stärke in der Gewissheit, dass der Verzicht auf jeden Krieg für Europa zunehmend zur einzig vernünftigen und realistischen Strategie wird.

Beide Modelle haben insofern wenig Chance, als nicht nur die Militärs und die massgebenden Politiker, sondern auch das Gros des Volkes ausschliesslich im Modell der Abschreckung denken.

Aber was erlaubt uns eigentlich, Abschreckung auch dann noch mit Sicherheit gleichzusetzen, wenn sie weltweit zum Wahnsinn geworden ist? Nichts. Das Abschreckungs-Modell könnte auch das gefährlichste sein.

Deshalb muss die Zahl derer wachsen, die ausrufen: „Wir haben es auf diesem Weg bis zum Hals! Uns reicht's."

Hitlers Utopie und unsere

Auch Hitler hatte eine Utopie. Sie bestand im wesentlichen darin, dass alle Menschen ein geheimnisvolles Blut haben sollten, das zwar keine Wissenschaft zu entdecken vermag, das er aber arisches Blut nannte. Er wusste, was arisches Blut ist: Blut nämlich, das ganz bestimmte Funktionen hat. Es färbt die Haare blond, die Augen blau und es macht den Willen „hart wie Kruppstahl" und den Körper „zäh wie Leder". Für ihn war die Welt gut, wenn alle arisches Blut haben, und sie war in Ordnung, wenn einer ein bisschen mehr davon hatte als alle anderen: der Vollblutpolitiker, der geborene Führer. Das war seine positive Utopie, seine Vision vom Dritten Reich.

Hitler wusste auch, was utopische Hoffnung ist: nicht das passive Warten oder das träumerische Erwarten des kommenden Reiches. Utopie ist tätige Hoffnung. Also musste man zum kommenden Reich aufbrechen. Bloss, es gab Hindernisse: Das viele nicht-arische Blut: die Juden, die Zigeuner, die Neger, die Slawen, die Romanen und die Kranken. Und sie alle waren so frech, nicht schnell genug von allein zu sterben, geschweige denn auszusterben – was sie ja doch dem anderen Blut, dem arischen, eigentlich schuldeten. Sie waren die ständigen Blutverschmutzer, wie es anderswo Umweltverschmutzer und neuerdings „Umgeistverschmutzer", fremde Ideologen, gibt.

Herr Hitler war ein sauberer Mann und er liebte die Ordnung. Er wäre vielleicht ein ungewöhnlicher Führer einer Reinigungsanstalt geworden – mit einer kleinen Differenz zu einem gewöhnlichen. Ein gewöhnlicher Leiter eines solchen Instituts nämlich wünscht sich viel Dreck, damit es viel zu putzen gibt. Herr Hitler wünschte, viel geputzt zu haben, damit kein Dreck mehr da ist. Es ging ihm nicht ums Geschäft, sondern um die Sauberkeit – wie so manchem.

Es war die Verrücktheit dieses Herrn, dass er sein Land zur Reinigungsanstalt machte und die Welt zum Stall, den es zu reinigen galt – mit Blut für das Blut. All das wäre einen Lacher wert – wenn es nicht die Opfer gäbe: die Juden, die Zigeuner, die Euthanasierten – und darüber hinaus die Kriegsopfer: seien sie nun auf dem „Feld der Ehre" gefallen oder auf dem der Schande umgebracht worden. Für einen nicht geringen Teil der Menschen ist seine Vision buchstäblich zur Apokalypse geworden, auch für ihn selber und für sein Volk.

Einen Lacher wäre wohl auch wert, wie jedes seiner politischen Ziele sich in sein striktes Gegenteil gewendet hat. Er wollte die Juden ausrotten – und hat dazu geführt, dass sie ihren eigenen Staat gegründet haben. Er wollte Deutschland zur Weltherrschaft bringen – und hat erreicht, dass es besetzt und geteilt wurde. Er wollte die ihm verhasstesten Grossmächte, Russland und Amerika, in die Knie zwingen – und hat bewirkt, dass sie als Supermächte die Weltkontrolle übernahmen. Und anderes mehr, alles zum Lachen – wenn es die Opfer nicht gäbe.

Ein Punkt freilich stimmt beinahe versöhnlich. Um dieses Desaster anzurichten, bedurfte es eines Verrückten, den die Macht sofort zum Verbrecher machte. Das war nicht die Vision eines „Normalen" und nicht der Aufbruch eines halbwegs gutgesinnten, aber irrenden Politikers, sondern als Ganzes das Werk eines kranken Kriminellen. Und das scheint denn zu bedeuten: so denkt und handelt der Durchschnitt (die Normalen) nicht. Also schützt uns die Herrschaft des Durchschnitts, die Demokratie, davor.

Aber der Durchschnitt machte mit, bis in die Verbrechen hinein, und er merkte nicht einmal, dass er dabei verbrecherisch wurde. Das beunruhigt mehr als alles andere. Politischer Wahnsinn hat einen epidemischen Charakter. Er ergreift ganze Zeitalter. Vielleicht hat Nietzsche recht: einzelne Menschen werden nur selten vom Wahnsinn befallen, aber Völker und Zeitalter stets.

Und wir? Ich behaupte: Wir sind dadurch schlechter dran als die Zeit Hitlers, dass es zur Apokalypse eines Wahnsinnigen gar nicht mehr bedarf. Es genügt der Durchschnitt. Er ist, über alle Ideologien hinweg, bereits in einer Utopie geeint und im Aufbruch zu ihr. Diese Utopie ist nicht minder banal als die Hitlers. Man kann sie auf die Formel bringen: Immer mehr konsumieren, damit man immer mehr produzieren kann, damit man immer mehr konsumieren kann, damit man immer ... – dann geht es Jedem jeden Tag ein bisschen besser. Es gibt in diesem Karussell nur eine Unsicherheit: den bösen Anderen. Um also sicherer zu sein, dass uns sicher die Sicherheit des Glücks bevorsteht, müssen wir nur so stark werden, dass sicher keiner sich an unsere Sicherheit heranwagt. Dann funktioniert „es", das Glück. – Das ist der Marsch des Durchschnitts – und zu diesem gehören vor allem unsere Politiker, unsere Militärs und unsere Wirtschaft – zu denen wiederum wir (fast) alle gehören, jedenfalls die statistische Mehrheit der Bevölkerung.

Das ist der Grund, weshalb wir uns heute gut funktionierende Demokratien denken können, und es geht dennoch schief — in die entgegengesetzte Richtung: in die Apokalypse.

Ich sage nicht, dass wir in einer apokalyptischen Zeit leben, wohl aber, dass wir den Vorschein der Apokalypse präzis sehen. Etwa in den folgenden Sätzen:

Wenn die Weltbevölkerung noch einige Jahrzehnte so rasant anwächst wie gegenwärtig, dann wird der Mensch zum Krebsgeschwür der Erde.

Wenn wir weiterhin die Ressourcen der Erde so rücksichtslos abbauen wie bisher, dann werden wir alle verarmen.

Wenn wir mit der Umwelt weiterhin wie bisher verfahren, dann wird der Planet unbewohnbar.

Wenn die ökonomische Kluft zwischen der 1. und der 3./4. Welt sich weiter öffnet wie bisher, dann wird der Hass dieser Völker uns vernichten.

Wenn wir weiterhin die Sicherheit mit immer mehr Massenvernichtungswaffen sichern, dann wird der Massenvernichtungs-Krieg kommen, und dann ...

Wir können eine Reihe anderer solcher Wenn-dann-Sätze aufstellen. Die Methode ist immer die gleiche: Wir legen die verfügbaren Daten zugrunde, bestimmen die Wachstumskurve, verlängern sie und gelangen nach einer Anzahl Jahre an jenen Punkt, an dem es, auf dem Weg in die Apokalypse, keine Umkehr mehr gibt. Das ist nicht eine Methode der Unheils-Prophetie, sondern eine der Sozialforschung. Wer sie anwendet, droht und beschwört nicht, sondern stellt hypothetisch fest.

Das ist das Merkwürdige: Die Apokalypse ist berechenbar geworden, aber wir leben, als ob wir nie etwas von ihr gehört hätten. Und so treibt uns die allgemeine, die ganz und gar durchschnittliche Utopie immer tiefer in die Apokalypse hinein.

Also eine Kursänderung? Fragt sich nur wie. Die Geschichte selber macht uns skeptisch, gerade weil unsere Utopie die des Durchschnitts ist. Bisher ist die Allgemeinheit selten durch blosse Gedanken zur Vernunft gebracht worden. Sie wurde durch grosse Katastrophen aufgeschreckt und aufgeweckt. Dadurch wird für uns die Lage paradox: Kommt die Katastrophe, dann ist es für die Vernunft vermutlich zu spät, denn die Apokalypse könnte globale Ausmasse haben. Kommt es zu ihr nicht, dann ist es den Unvernünftigen vermutlich zu früh — und dann kommt die Apokalypse mit Bestimmtheit. Das bedeutet nichts anderes, als dass der Verstand auf die Länge fast nur die Apokalypse sieht, sofern wir bei unserer Utopie bleiben.

Dass ein Verrückter und Verbrecher die Welt zugrunde richten kann, haben wir gelernt; dass die Normalen es tun können, müssen wir lernen.

Narrenecke

Bekanntlich haben die einen an der Wahrheit am meisten Spass, wenn die andern sie verschweigen oder gar verbieten. Wird sie ganz tabuiert, so nehmen sich selbst ihre Unterdrücker einen Hofnarren, der genau so lange in ihrer Gunst steht, als er den Mut hat, die Tabus auf witzige Art zu durchbrechen. Das ist nicht nur eine Koketterie der Macht mit der Freiheit, sondern auch ein makabres Spiel der Notwendigkeit: Effektiv kann nämlich nur lügen, wer sich an die Wahrheit erinnert. Da er aber die Wahrheit nicht sagt und sie auch nicht zu hören bekommt, könnte er sie mit der Zeit vergessen. Also braucht er einen, der ihn an sie erinnert, damit er sich nicht bloss irrt, sondern wirklich lügt. Nur so hat er den Nutzen der Lüge: erfolgreich allein die anderen täuschen, ohne selber zum Opfer der Lüge: zum Getäuschten, zu werden. Der Narr ist deshalb nicht etwa das Gewissen des Herrn, sondern sein kleines Alibi, darüber ein Beweis seiner Macht, aber vor allem sein Gedächtnis.

Das Revier des Narren ist eng begrenzt. Wenn er ausbricht und draussen die Wahrheit sagt, verfällt er der Strafe — und zwar mehr als jeder andere; denn er hat nicht nur ein Tabu durchbrochen, sondern die Gunst des Herrn verachtet. Der Preis des Narren ist so der Verlust der öffentlichen Wirkung. Er hat zur Wahrheit ein spielerisch-zynisches Verhältnis.

Vielleicht verhalten sich in finsteren Zeiten die öffentlichen Medien wie ehemals die Herren. Das hoffähige Tabu bleibt unverletzt. Kein Redaktor ohne Schere im Kopf. Aber das kleine Revier der Narren wird nun gepflegt: die Kolumne zum Sonntag. Da kann einer, im kleinen Kästchen, sagen, was er will – und sogar die Wahrheit. Zensurfreiheit ist Ehrensache. Nur: „Die Ansicht der Redaktion stimmt mit der Ansicht des Kolumnisten nicht unbedingt überein."

Gut ist er übrigens, der Narr, wenn er sagt, was keiner ohne Ärgernis liest. Nun ist er zugleich das Gedächtnis – und der Beweis, dass man mit seiner Ansicht unmöglich übereinstimmt. Die kleine Freiheit zur Wahrheit wird so zur öffentlichen Verstärkung der Lüge. Der Narr ist ausgespielt: im grossen Kontext der Tabus fixiert die Ausgefallenheit der Wahrheit die Tabus. Er muss auch mit der Wahrheit der Lüge dienen.

Das „feuilletonistische Zeitalter" (Hesse), in dem die Medien dem unverbindlichen Geist huldigten, ist vorbei. Wir leben in einem kolumnistischen. Man kann es leicht definieren: Es ist das Zeitalter, in dem die Medien wieder höfisch geworden sind – also der Macht dienen. Und: Es ist das Zeitalter, in dem die öffentliche Wahrheit sich in die Narrenecken zurückzieht.

Der Narr hat übrigens, wenn er weiss, was er tut, auch ein zynisches Verhältnis zu sich selbst.

Hofjournalismus

Im Jahr 1847 veröffentlichten die „Fliegenden Blätter" eine „Adresse deutscher Gattinnen und Hausfrauen an ihre Ehemänner". Darin konnte man lesen: „Wir lebten still und harmlos und in süssester Eintracht mit unseren Männern, bis die unglückselige Französische Revolution ihrer frommen Denkart Milch in gärend Drachengift verwandelte. Wir kennen unsere Männer nicht mehr. ... Finster, die Stirn in Falten gezogen, brüten sie über den ellenhaften Zeitungsblättern, und die Politik, die unheilvolle Politik, hat die Liebe aus ihren Herzen verscheucht. Sprechen wir von notwendigem Kinderzeug, so reden sie von der Wiederherstellung Polens. Verlangen wir ihre Begleitung zum Spaziergang, so müssen sie in den Klub. Sprechen wir von der Ungeschicklichkeit der Dienstboten, so reden sie von der verkehrten Politik Metternichs. Beim Erwachen ist das erste Wort die Zeitung, beim Schlafen, gewöhnlich um zwölf oder ein Uhr morgens, das letzte Wort die Zeitung. Wehe uns deutschen Hausfrauen, wie soll das enden? Muss nicht der Staat hier einschreiten und eine strenge Zensur für politische Zeitungsartikel einführen?"

Nun, nach dem Zerfall der Restauration ist der liberale Staat eingeschritten, aber so, als ob er nicht einschreiten würde. Er hat die Vielfalt der Presse begünstigt und er hat die Meinungsfreiheit toleriert bis zur Aufhebung aller staatlichen Pressezensur. Die Schweiz war in beidem vorbildlich. Und so müssten wir denn, als das Land mit der vielleicht grössten Pressevielfalt, ein Paradies für Journalisten und Zeitungsleser sein, in dem das Wort Dostojewskis wahr geworden ist: „Es gibt nichts Interessanteres und Anregenderes als journalistische Arbeit."

Wer indes heute in der Schweiz den Tag mit einem Ei und einer Zeitung beginnt, der ist mit der Zeitung schneller fertig als mit dem Ei — und wer abends das letzte Wort der Zeitung entnimmt, der hat sich ein Schlafmittel erspart. Nicht die Zeiten sind langweilig geworden, aber die Schweizer Zeitungen, die über sie berichten — „in Freiheit und Vielfalt".

Was mögen die Gründe sein? — In der Information über das grosse Weltgeschehen und zunehmend auch über die Lokalereignisse haben heute alle Zeitungen Provinzverspätung. Sie bringen keine „News". Das müsste kein Unglück für die Presse sein. Nachrichten sind meist nicht durch ihre Faktizität interessant, sondern durch die Art und Weise, wie sie gedeutet werden. Die *interessante* Information lässt sich von der Interpretation und der Meinungsbildung nicht trennen. Im interpretierenden und meinungsbildenden Journalismus aber sind wir in der Schweiz wahrlich nicht Weltmeister. Wir haben die Kunst erfunden, durch ihn die Fakten langweiliger zu machen, als sie sind.

Wenn heute ein Journalist — meist in jungen Jahren — sich die Sporen abverdient, verwandelt sich für ihn die Redaktionsstube in eine Art symbolische Klinik. Während seiner Lehrzeit wird ihm durch eine Unzahl kleiner Eingriffe allmählich eine Schere in den Kopf eingepflanzt: „Aber mein Lieber, doch nicht so destruktiv — man muss in allem das Positive sehen!" — „Warum denn so radikal — wir sind doch gemässigt und ausgewogen!" — „Nur bitte keine Parteilichkeit

— wir sind doch neutral!" „Nicht so rational — wir sind ein volksnahes Blatt!" All diese kleinen Eingriffe erscheinen nicht als Zensur, sondern als Ermahnungen zu einem zeitungsgerechten Stil. Der Stil ist zeitungsgerecht, wenn die Schere von selbst funktioniert, und der Mann ist ein verantwortungsvoller Journalist, wenn er schreibt wie gehabt und gewünscht: positiv, neutral, ausgewogen und nicht zu intelligent — mittelmässig in jeder Beziehung. Seine Bestätigung ist das Ausbleiben des Protests. Sie bringt ihm genau dann eine Stelle, wenn er keine Meinung mehr hat.

Die Schere aber beschneidet ihn nicht nur in seiner Meinung. Sie trennt ihn von aller Solidarität und sie nimmt ihm den Mut zur öffentlichen Auseinandersetzung. Er verfällt der schlechten Objektivität, die nicht mehr in der Verantwortung vor der Wahrheit gründet, sondern in der Angst, unangenehm aufzufallen; sie ist nur die Nivellierung der Individualität.

Die Provinzverspätung im Informations-Sektor müsste auch darum kein Unglück sein, weil nie so viel verschwiegen wurde wie im Zeitalter der Informationsüberflutung. Die dauernde Berieselung mit kurzer Oberflächen-Information verdeckt den Blick auf die Hintergrunds-Informationen. Hier läge die wohl wichtigste Aufgabe der Journalisten: durch zähes und intelligentes Recherchieren könnten sie unter die Oberfläche der News und der alltäglichen Tabus dringen und Licht in unsere Gesellschaft tragen. Der böse Blick und die Rücksichtslosigkeit, die es dafür braucht, sind bei uns verpönt. Alle grösseren Schweizer Zeitungen recherchieren dilettantisch, wenn sie es überhaupt tun. Und wenn mal einer auftaucht, der es aufgrund seiner Intelligenz kann — wie dies bei Meienberg der Fall war —, dann wird er untragbar: nicht etwa für seine Leser, sondern für sein Blatt.

Vermutlich haben sich die Journalisten weder den flauen Meinungs- noch den dilettantischen Recherchier-Journalismus gewünscht. Sie haben sich bloss mit ihnen abgefunden. Gewachsen sind beide aus ökonomischen, politischen und gesamtgesellschaftlichen Zwängen.

Jedes grössere Blatt ist heute ökonomisch abhängig: von den Mehrheitsverhältnissen im Aktien-Besitz, von den Inserenten und von der Anzahl der Leser. Alle Journalisten erfahren, dass sie auf diese dreifache Abhängigkeit Rücksicht nehmen müssen. Erlaubt ist noch die Verärgerung einzelner Leser — denn diese können antworten. Aber schlechthin untragbar ist die Verärgerung der Inserenten und ihrer Verbände. Diese schlagen nicht mit Leserbriefen zurück, sondern sie sprechen vor, und zwar weit oben, oder sie üben Druck durch Inseratenentzug aus. Da wird jeder Journalist, Überzeugung hin oder her, schnell verstehen, dass man die Hand nicht beisst, die das Futter reicht. Also wird er, zumindest in politisch-ökonomischen Belangen, con sordino sprechen oder schweigen und schon gar nicht „schnüffeln" — denn er muss ja schliesslich leben.

Zugleich wird ihn ein dreifacher politischer Druck einengen: Aussenpolitisch wird ihn das traditionelle Neutralitäts-Verständnis zur Vorsicht zwingen, mit der Tendenz, ihn zu einem „Weder—Noch" zu machen. Innenpolitisch wird ihn die Konkordanz-Demokratie, die immerwährende grosse Koalition, zumindest auf Bundesebene in die heikle Situation bringen, dass er auch den Freund trifft, wenn er die Feinde schlägt. Gesamtpolitisch aber wird ihm die helvetische Mentalität, Konflikte zu versöhnen, bevor sie ausgetragen sind, jede Radikalität verbieten. In der Schweiz jätet man nicht, sondern schneidet das Unkraut zurück.

Massiver ist vielleicht noch ein gesamtgesellschaftlicher Druck. Er entsteht dadurch, dass bei uns die Subsysteme durch Personalunion und durch strukturelle Ähnlichkeit immer fester miteinander verbunden und verfilzt werden. Ein politisch-militärisch-industriell-wissenschaftlicher Komplex entsteht, in dem sich alle Subsysteme getroffen fühlen, wenn eines angekratzt wird. Nun muss man allseitig moderat und verbindlich sein. Der unabhängige Ruhestörer wird zum Feind der ganzen Gesellschaft.

Kommt die eigentliche Schande hinzu: Es lassen sich in der Schweiz Gerichte finden, die den Augenschein der Journalisten am öffentlichen Tatort kriminalisieren, Journalisten dafür belangen, dass sie längst bekannte Sachverhalte über die Armee schreiben, und Dichter für ihre Gedichte bestrafen. Aber sie lassen die selbsternannten Zensoren in Frieden, auch dann noch, wenn sie Diskriminierungs-Kampagnen anzetteln.

Die Vielfalt der Presse sinkt leicht zu einer Vielfalt der Blätter ab und die Abschaffung der staatlichen Zensoren leicht zu einer getarnten Verlagerung der Zensur. Dann ist der Schritt zum Hofjournalismus klein. Dieser macht eine Republik nicht nur langweilig; er macht sie krank.

Die Herde der Heiligen Kühe und ihre Hirten

In der gewöhnlichen Welt weiden die Kühe in Herden. Ein Hirt und ein Hund sorgen gemeinsam dafür, dass das Vieh keinen Unsinn anrichtet, vor allem nicht ausbricht, und sie treiben es, wenn die Zeit kommt, wieder in den Stall. Weil *ein* Hirt genügt, ja auf der Weide ersetzbar ist durch eine Umzäunung, gibt es mehr Kühe als Hirten.

In der geheiligten Welt ist es anders. Die Heiligen Kühe sind Einzeltiere. Aber jede hat viele Hirten mit vielen Hunden, und diese sind nicht darauf bedacht, dass das Vieh nicht ausbricht, sondern darauf, das Vieh vor all jenen zu schützen, die seine Weiden entheiligen oder verkleinern könnten. Die Hirten nennen sich deshalb Schützer. Die Schützer einer Heiligen Kuh schliessen sich meist zusammen. *Sie* sind die Herde, und die Heilige Kuh ist der Hirt, der sie zusammenhält.

Die Schützer haben jede Nacht den gleichen Traum: Ihre Hunde haben endlich den letzten Schänder zur Strecke gebracht. Nun erscheint die grosse Urkuh und verkündet, dass alle Heiligen Kühe ihre Nachkommen seien und dass sie neue gebären werde, die sich alle aufs Haar gleichen. Jeder Schützer sei deshalb der Schützer aller Heiligen Kühe, und die ganze Nation sei der geheiligte Weideplatz, friedlich bewacht von der unabsehbaren Herde der Hirten. Das Heilige Zeitalter sei nun da.

Es wäre wohl auch längst angebrochen, wenn die Schützer nicht von einem seltsamen Unvermögen befallen wären. Zwar erinnern sich alle an die Botschaft des Traums, aber keiner mit Sicherheit, wie die grosse Urkuh ausgesehen hat. Deshalb behaupten die einen am Morgen, sie sei golden gewesen, die andern, sie sei schwarz, noch andere rot oder braun oder grün. Dann sagen die einen Schützer von der Heiligen Kuh der andern, dass diese ja gar nicht heilig sein könne, weil sie der grossen Urkuh nicht gleiche. So beginnt bei Tag die Parteiung der Hirten.

Weil aber einige dieses Spiel mit der Zeit satt haben, sagen sie eines Tages, dass es überhaupt keine Heilige Kuh gebe, ja geben dürfe, denn die Heiligen Kühe seien die Ursache des Streits. Das wiederum will die Mehrzahl der Schützer nicht glauben. Sie hetzt die Hunde auf die Schänder – im Namen des Traums.

Im Reich der Heiligen Kühe gehört der Tag den Hunden und der Verfolgung.

Nachweis

Viele der in diesem Band gesammelten Texte sind entweder als Kolumnen oder als thematische Beiträge in Tages- oder Wochenzeitungen erschienen, andere sind vom Radio ausgestrahlt worden, noch andere sind zwar von Zeitungen bestellt, aber nicht gedruckt worden, aus welchen Gründen auch immer. Da ich eine chronologische Reihenfolge nicht mehr erstellen konnte und das Buch auch nicht systematisch geplant worden ist, bleibt die Anordnung mehr oder weniger zufällig. Alle Texte sind für diesen Druck durchgesehen worden. Wo es mir nötig erschien, habe ich stilistische Veränderungen vorgenommen.

Inhalt

Die Bildungsreform wächst auch bei Nacht	7
Für das Wahlalter Null	16
Ein weisser Fleck?	21
Ziele der Schule und Ziele der Schüler	25
Vom Verlust des phallischen Bewusstseins	32
Was heisst: „aus Einsicht Abschied nehmen?"	36
Fa. Moody, Kübler & Co.	40
Altsein und Menschenwürde	45
Der Brunnen des Thales	50
Märchen sind so wahr, als unsere Freiheit lebendig ist	55
Abschied vom Wunder	59
Offenbarung und Freiheit	68
Für einen kritischen Atheismus	73
Blasphemie	77
Langeweile als revolutionäres Selbstbewusstsein	80
Die Nacktheit, die Scham und das Kleid	84
Eine Bombe in Kaiseraugst	88
Ein Hauch von 33	91
Das landesübliche Mass an Kritik	95
Kommt der private Staat?	99
Auch eine Art der Korruption	101
Die Logik der Beamten des Nichts	105
Die Entdeckung der Verfassungsfeinde	110
Vom Scheitern des AJZ und vom Scheitern des Staats	114
„Im Namen Gottes des Allmächtigen!"	119
Unklar, unehrlich und inhuman	126
Für eine Initiative zur Förderung der Künste	132
Strafe und Humanität	137

Der Mord mit dem anderen Namen	139
Für die Abschaffung der Todesstrafe in Kriegszeiten	143
Der Friede des Krieges und der Krieg des Friedens	147
Zur Psychologie des Haare-Abschneidens	150
Aus dem Helvetischen Katechismus der Gewalt	153
Lebensqualität als Kosmetik	156
Auf der Suche nach einer Ethik des Weltfriedens	159
Uns reicht's	163
Hitlers Utopie und unsere	169
Narrenecke	174
Hofjournalismus	176
Die Herde der Heiligen Kühe und ihre Hirten	181
Nachweis	183

LENOS VERLAG
Verzeichnis der lieferbaren Titel

Literatur

Bachmann, Guido: Echnaton
Bachmann, Guido: Gilgamesch
Bachmann, Guido: Die Parabel
Becher, Ulrich: Vom Unzulänglichen der Wirklichkeit
Bloch, Peter André: Zwischen Angst und Aggression
Bloch, Peter André: Zwischen Traum und Wirklichkeit
Bührer, Jakob: Lesebuch
Burri, Peter: F.
Burri, Peter: Glanzzeiten
Burri, Peter: Lucio Dalla
Burri, Peter: Tramonto
Crauer, Pil: Das Leben und Sterben Paul Irnigers
Dinkel, Robert: Flüstern ist meine Muttersprache
Drehpunkt-Reprint 1968–1979
Faes, Urs: Webfehler
Farner, Konrad: Lesebuch
Fromer, Martin: In diesem Schliessfach wohnen wir
Geiser, Christoph: Disziplinen
Geiser, Christoph: Mitteilung an Mitgefangene
Geiser, Christoph: Zimmer mit Frühstück
Gerig, Manfred: Irrspiel
Gerig, Manfred: Schief
Gfeller, Alex: Harald Buser oder die Krankheit der Männer
Gfeller, Alex: Land & Leute
Gfeller, Alex: Marthe Lochers Erzählungen
Henkel, Heinrich: Altrosa/Eisenwichser
Imhof, Hansrudolf: Herr Fähnrich hat den Stadtmist unter sich
Kanafani, Ghassan: Das Land der traurigen Orangen
Lehner, Peter: Bier-Zeitung
Lehner, Peter: Lesebuch
Lehner, Peter: Nebensätzliches
Lehner, Peter: WAS ist DAS
Mangold, Christoph: Keine Angst, wir werden bewacht
Mangold, Christoph: Rückkehr aus der Antarktis
Mangold, Christoph: Zdenka
Marti, Kurt: Heil-Vetia
Marti, Kurt: Stimmen zur Schweiz
Morgenthaler, Hans: Lesebuch
Morgenthaler, Hans: Briefwechsel mit E. Morgenthaler und H. Hesse
Regenass, René: Triumph ist eine Marke
Regenass, René: Wer Wahlplakate beschmiert
Schmidt, Aurel: Der Fremde bin ich selber
Schneider, Hansjörg: Der Bub
Wiesner, Heinrich: Das Dankschreiben
Wiesner, Heinrich: Kürzestgeschichten
Wiesner, Heinrich: Lakonische Zeilen
Wiesner, Heinrich: Notennot
Wiesner, Heinrich: Der Riese am Tisch
Wiesner, Heinrich: Schauplätze

Sachbücher
Abosch, Heinz: Trotzki und der Bolschewismus
Alder, Beat: Die Begutachtung der Familie F.
Alder, Beat: Und dann lief ich weg ...
Amad, Adnan et al.: Nahostkrise
Baer, Ulrich: Wörterbuch der Spielpädagogik
Blatter, Alfred: Wie geht es weiter?
Brandenberger, Kurt et al.: Das Märchen von der sauberen Schweiz
Brodbeck, Liselotte: Roman als Ware
Dicklio und Dünnlio, ein Kindercomic
Eugster, Samuel: Lebensraum Schule
Fröhlich, Elisabeth: Les Schönfilles. Über das Welschlandjahr
Geiger, Julia: Rosella
Hadorn, Rudolf/Vermot, Gaby: Das war kein Bruder
Haldimann, Urs: Sozialismus in der Schweiz
Harich, Wolfgang: Zur Kritik der revolutionären Ungeduld
Hollstein, Walter: Vettern und Feinde
Irabi, Abdulkader: Sozialgeschichte Palästinas
Kraus, Beat: Spiele für den Spielplatz
Kraus, Beat: Spielecken – Spielplätze
Leu, Daniel: Drogen – Sucht oder Genuss
Leuzinger, F./Schlumpf R.: Exekution einer Zeitung
Mattiello, Ernst: Cartoons
Ratti, André: Bevor wir aussterben
Renschler, Regula: Wer sagt denn, dass ich weine
Renschler, Regula/Preiswerk, Roy: Das Gift der frühen Jahre
Saner, Hans: Geburt und Phantasie
Saner, Hans: Die Herde der Heiligen Kühe und ihre Hirten
Saner, Hans: Hoffnung und Gewalt
Saner, Hans: Zwischen Politik und Ghetto
Schorno, Paul: Spielen, Theaterwerkstatt für Kinder Bd. 1
Schorno, Paul: Weiterspielen, Theaterwerkstatt für Kinder Bd. 2
Schubarth, Martin et al.: Der Fahrner-Prozess
Tschudi, Lorenz: Rätedemokratie und Marxismus
Unsere tägliche Gewalt. Nicht-erkannte Formen von Repression
Villain, Jean: Das Geschäft mit den vier Wänden
Wohlstand und Ordnung? Soziologie der Schweiz heute

Reihe Mediaprint
Absage und Warnung. SJU über werbefinanzierte Lokalradios
v. Büren, Walo/Frischknecht, Jürg: Kommerz auf Megahertz?
Haldimann, Ueli: Der verkaufte Leser
Haller, Michael: Recherchieren. Handbuch für Journalisten
Haller, M./Jäggi, M./Müller, R.: Eine deformierte Gesellschaft
Jäggi, Max: So ging die National-Zeitung kaputt
LIQUIDIERT. Erstmals streikte in der CH eine Zeitungsredaktion
Minelli, Ludwig A.: Persönlichkeitsrecht – Persönlichkeitsschutz
Die Situation des Journalisten. Presseförderung durch den Bund

Texte für die Theaterwerkstatt
Balmer, Dres: Das Erwachen des Max Ilg
Dinkelmann, Fritz H.: Aggression/Alpträume
Grossenbacher, Hugo: Zwischenspiel/Theatromat
Hohler, Franz: Ichduersiees
Schriber, Margrit: Ein wenig Lärm im Keller u.a.

bereits erschienen:

Hans Saner
Hoffnung und Gewalt
Zur Ferne des Friedens
135 Seiten, Fr. 15.–/DM 15.–

„Wie fern oder wie nah der Friede ist, macht Saner anschaulich in seiner Typologie der Gewalt. Deren manigfachen Formen spürt er nach im Leiden an krank machender Arbeit, im Fehlen einer Ethik der Naturwissenschafter, im hochtechnisierten Krieg, in den verschiedenen Arten von Macht und Korruption. Bis in feinste Verästelungen verfolgt er das Netzwerk personaler, struktureller und symbolischer Gewalt auch in Gegenmächten nach: Im doktrinären Pazifismus, im blinden Protest und in der dogmatischen Hoffnung."
Luzerner Neuste Nachrichten

Hans Saner
Geburt und Phantasie
Von der natürlichen Dissidenz des Kindes
124 Seiten, Fr. 14.—/DM 14.—

„Nachdem seit einigen Jahren das Sterben und der Tod ein absatzträchtiges Modethema ist, ist es umso erfreulicher, dass der Basler Publizist und als Schüler Karl Jaspers' bekannte Hans Saner das von der Philosophie bisher stiefmütterlich behandelte Thema der Geburt aufgegriffen, ja geradezu entdeckt hat. Die fünf Arbeiten des Bandes umkreisen den Anfang des Lebens, beschreiben die soziale Rolle des Fötus, fragen nach der philosophischen Bedeutung der Geburt, nach der Legitimation der Abtreibung, sowie nach den Gründen für die Abtötung der kindlichen Phantasie durch die Erziehung in Schule und Elternhaus."
Kant. Komm. für Jugend- und Volksbibliotheken

Hans Saner
Zwischen Politik und Getto
Über das Verhältnis des Lehrers zur Gesellschaft
116 Seiten, Fr. 12.80/DM 12.80

„Wichtig ist diese Schrift in der Sinnfälligkeit und Dringlichkeit ihres Anliegens und ihrem umfassenden Menschenbild, das die geschilderte Wirklichkeit zur anschaulichen Bedrängnis werden lässt, sowie der soliden gesellschaftsphilosophischen Fundierung einer anderen, einer emanzipatorischen Schule."
betrifft: erziehung